啓動愛情的第一步

魅力女人養成手冊

小彤◎著

這是一種「新品種」女人，介於好女與惡女之
不算大女人 ，也不是小女人。
她逆來不順受，管他的三從四德，
去他的大男人！
她活得自在、愛得開心，
而且不介意使點壞，耍點詐來爭取幸福。
她忠於自己，永遠熱愛自己，
她是——魅力魔女！

匡邦文化

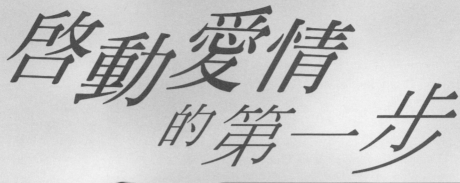

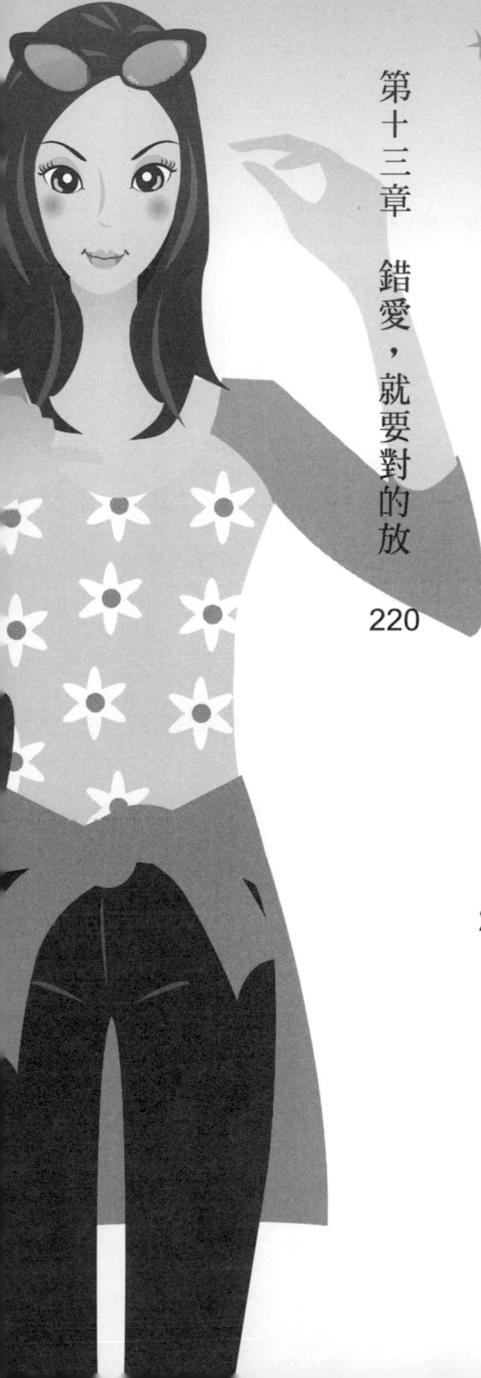

Future

拒做好女人

愛，太委屈

Magic Book Magic Book Magic Book

拒做好女人1 愛，太委屈

手上拎著大包小包的提袋，苓雅隨著人群湧進電梯。

百貨公司的週年慶總是吸引大批人潮，原本苓雅是跟晴汶約好一道來大血拚的，下午凱東一通電話說下班要到苓雅那兒吃飯，她只得臨時跟晴汶爽約。

「女人啊，永遠重色輕友、有異性沒人性，我呀——認了！」晴汶沒好氣道。

一下班，苓雅就忙不迭地衝入超市採購，再飛奔回住處。

一陣熱炒快煮，幾道佳餚就熱騰騰上了桌，全是凱東愛吃的菜，丁骨牛排則在爐上，等凱東一到，馬上就可以煎烤了。

近七點，凱東打來，「臨時要加班，晚點再聯絡吧！」

「加班別太累喔！」苓雅掩住失望的說。

隨口扒了幾口飯，把牛排放回冷凍室。她捨不得吃這麼昂貴的牛排。

電視上轉來轉去全都是一些無聊的搞笑，關了螢幕，拎起皮包，一個人去百貨公司。

幾年來，她總習慣把一切最好的留給凱東，像現在她手上拎著的幾袋戰利品，全是買給凱東的名牌襯衫、西裝褲。

「人要衣裝、佛要金裝，這是個重門面的年代，穿名牌至少不會讓別人『小』看你。」在凱東試穿她買的衣物時，她說。

雖然，每次爲凱東置裝一次，苓雅就得縮衣節食一段日子，但是，爲了心愛的男人，爲了兩人美好的未來，這點犧牲實在不算什麼。苓雅常在嚥下泡麵時，這樣告訴自己。

百貨公司電梯裡擠進愈來愈多人，好不容易電梯門關上，在嘈雜人聲中，苓雅清楚地聽見眼前背對著她的一對男女的對話。

「我喜歡你這條Gucci領帶，品味不錯。」女人嬌聲道。

「這是Gucci今年的新款，一上市我就買了。」男人說。

男人聲音極小，苓雅卻聽得背脊發涼，瞅著男人的側臉，是——凱東！他、他、他不是在加班嗎？

電梯一層層往上攀，往事一幕幕浮上心頭。

四、五年來，她勉強著自己配合凱東。假日凱東不喜歡外出，苓雅只好放棄熱愛的登山運動，守在家裡陪他看影集。凱東家三不五時就有家族聚會，苓雅是義不容辭的大廚師，常常他們一家人觥籌交錯、談笑喧鬧，她卻還在油煙氤氳中準備飯後甜點和水果，往往等苓雅入席時，餐會已接近尾聲，苓雅只得快速吃著凱東為她挾好留在盤上、早冷了的菜餚。

「一切都是為了愛，再多辛苦和付出也值得。」苓雅總是像播放錄音帶似地反覆對自己說。

況且比起她的母親，苓雅已經幸運多了。從她有記憶起，母親永遠在大家都吃完後，才在廚房小桌吃殘羹剩菜，等孩子都大了，任憑大家怎麼懇求拜託母親一起同桌用餐，母親還是堅持「不一個人在廚房吃，我吃不下去！」只肯等家人吃完她才吃，永遠捨不得大魚大肉，寧可讓魚肉在冰箱放成了餿水，沒有人知道母親喜歡吃什麼，因為桌上放的、心裡擱的，永遠是家人愛吃的。

「她是個好女人。」從以前，大家都這麼稱讚苓雅的母親。

「她眞是個好女人。」凱東家人也常這麼人前人後誇著苓雅。

她儼然已是凱東家的媳婦，只要凱東家有事，苓雅一定全力以赴、全程參與。大掃除時，苓雅是免費的清潔工；大拜拜時，苓雅跟著忙前忙後、拿香祝禱；凱東爸媽生日，苓雅的禮物從沒吝嗇寒傖過。雖然很久沒有爲自己添購新衣了，凱東弟弟的音響，苓雅還是「投資」了一半的錢；凱東妹妹的全套Kitty，是苓雅託人從日本買回來的；連遠在美國的凱東大姊、姊夫回國，都是苓雅請假專程去接機，然後，十幾晚徹夜照顧大姊的一對兒女，弄得開會打瞌睡、訂單搞錯，被經理削了一頓，還因爲睡眠不足，開車撞上了安全島。

「對不起，我……哇——」把駕照遞給交警得那一刻，苓雅崩潰地大哭起來。

電梯到了六樓「嬰兒用品區」，門一開，便是排山倒海的小孩哭鬧聲。

自從那回一連半個多月看顧凱東大姊的兒女後，原本很愛小孩的苓雅，現在只要一聽到小孩聲音就頭痛心悸。那晚，那惡夢似的一晚，苓雅撐著快張不開的眼皮，爲兩歲的囡囡泡牛奶，五歲的傑克起床找媽媽，苓雅

還來不及衝上樓安撫傑克，傑克就睡眼惺忪自樓梯上滾了下來。

驚天動地的哭聲，吵醒一屋子的人。「妳到底怎麼看顧的？要是腦震盪，妳賠得起嗎？」大姊氣得大罵苓雅。

「我去幫囡囡沖牛奶，來不及……傑克……」

「沖牛奶？沖牛奶要很久嗎？妳要是不情願幫我帶小孩也不必這樣啊！」

凱東媽媽制止了大姊，「妳少說兩句，還好樓梯鋪了地毯，傑克只是嚇到而已。唉，沒生過孩子的人就是不懂帶小孩。」

「我……」百口莫辯的委屈都哽在苓雅喉間，像一根根尖銳的魚刺。

「也不體諒我們白天忙採購訪友，連讓我們安穩睡一覺都不行。」大姊夫低聲咕噥。

慌亂後，傑克哭聲停了，衆人又各自回房，苓雅終於忍不住躲進廚房嗚咽失聲。

「姊只是一時氣急攻心、口不擇言，他們不是有心的。」凱東自身後摟緊苓雅，「我知道妳所做的一切都是爲了我，謝謝妳，我愛妳，我愛妳。」一聲聲我愛妳，伴著一個個輕吻落在苓雅臉上，像一顆顆解藥，化掉了苓雅的怨懟。

電梯繼續上升中。凱東絲毫未察覺到身後的苓雅，逕自對旁邊的時髦女郎低語：

「我們家人都很喜歡妳，我妹還問妳什麼時候去教她化妝？」

轟！苓雅像挨了一記悶棍，渾身一顫。連凱東家人都知道他另結新歡了，卻還全都聯合起來瞞她，前天她送一鍋燉牛肉去凱東家時，每個人還一副若無其事的模樣

電梯到了十樓的法國餐廳，凱東摟著那女人步了出去。

「這家法國菜堪稱台北第一。」凱東如識途老馬介紹道。

「你這老饕，哪裡有好吃的你都知道，像我們上次去的那家義大利餐……

……」女人的語聲消失在電梯關起來的剎那。

認識凱東四年餘，起初他的收入不豐，苓雅陪著他省吃儉用，近一年，凱東升官也調了薪，但爲了有一個兩人愛的小窩，苓雅一直努力幫凱東省錢，不過情人節、沒吃過聖誕大餐，甚至連今晚的丁骨牛排都捨不得吃。

她斤斤計較刻薄自己、陪他吃苦，凱東卻揮金如土、陪別人享樂。

苓雅突然感到深深的不平和委屈。

頂樓家用品拍賣場到了。苓雅沒有步出電梯，她按了七樓牛排館。她一直夢想著嚐一嚐他們頗富盛名的神戶牛排，卻總捨不得。

電梯急遽下降，濕濕的液體悄悄滑下苓雅的眼。

七樓。

苓雅大踏步走出電梯，跨進牛排館。體面的服務生熱絡地迎上前問：

「小姐，一位嗎？」

魔女體質大改造

做好女人，是最不划算的生意。

好女人要謙恭忍讓，要不吵不鬧，被男人欺負了，也只能躲在牆角飲泣、吃拳頭當吃補，絕不能你一拳、我一腿來個擂台賽，那是潑婦壞女人的行徑。

好女人要認命、要逆來順受，嫁雞隨雞，嫁到瘋狗也只能禱告別得狂犬病就好。

好女人要以男人爲天、要從一而終，就算對方爬到妳頭上，把妳踩在腳底，妳還要含著眼淚、帶著微笑問：「你踩得舒服嗎？」

好女不事二夫，就算愛錯了人，也要將錯就錯，一錯到底，貫徹始終。

好女人必須犧牲奉獻、善於吃苦，最好連別人的苦也一起吃，吃到後來未必苦盡甘來，反倒是妳被吃乾

抹淨兼打包外帶。

好女人必須含蓄矜持、善於等待，等好男人來追，等浪子回頭，等青春不再了，好男人都被壞女人追走、浪子回頭成了無用的老子，而等待中的睡美人還沒醒來。

好女人必須容忍、堅強、體貼，容忍男人的花心，家道中衰了要能咬牙堅強、一肩扛起，要體貼男人永不埋怨，然後，男人繼續花心、繼續讓妳養、繼續任性。

鄉土連續劇裡多的是這樣傳統的「樣板好女人」，戀愛時，她的姊妹淘剛好也愛上她的情人，好女人會「好男人要和好朋友分享」忍痛割愛，然後，在父母威逼下，嫁給紈絝子弟，不但被惡婆婆虐待、沒好日子過，還得做苦工當免費佣人。等到不肖老公敗盡家產後，好女人必須忍辱負重，胸前抱一個孩子、背後揹一個、左右各拉一個孩子出門做小生意，偏偏她婆婆、小姑、大舅都壞得不得了，拚命剝削欺負她。最後，很神奇的，所有壞人都痛改前非，孩子也大了，好女人終於可以過好日子了。

好女人會有「善終」的，但在「善終」前，她得熬過一大段苦難日子，萬一她中途香消玉殞成了「烈士」，苦吃足了，好日子卻無福消受！

好女人不一定有好下場！

因爲，她可能等不及好下場就受苦身亡。

如果好女人注定得受苦受害受難才能被歌功頌德，那麼，妳寧願做個沒有人會對妳豎起大拇指、卻快樂得自在幸福的魔女。

如果做好女人才對，魔女寧可犯錯。

當然，「好女人教條」不是說丟就可以拋棄的，妳要來個大換血，讓血液中竄動的自虐、自以爲偉大的因子全部陣亡，讓自己徹徹底底換成「魔女體質」。

魔女體質改造第一回合　標語勵志法

就像在反共抗俄的那個年代，流行把「毋忘在莒」、「誓復國土」等口號掛在嘴上、把大陸苦難同胞受苦受難的圖片貼在牆上一樣，從今天起，把妳周圍或連續劇裡受虐的好女人名字及人善被人欺的受苦過程貼成大字報，早晚複習一次她們的苦難史，用來提醒自己別成爲下一個白痴苦命女。

妳還可以在皮夾內放幾張「勵志卡」：

「拋開順從，反叛有理！」

「拒絕悲情苦命，快樂自在最重要！」

「別做容易受欺負的女人。」

「善待自己，永不嫌多。」

當妳的同情心又氾濫、自虐感又興起、男人又對妳予取予求時，就拿出來大聲朗誦十次。

口號形成思想，思想變成力量，如果妳拒絕受欺侮，悲苦自然遠離妳。妳要勇敢地站起來反挫那些踐踏女人的壞男人：

拒做好女人

愛，太委屈

「嘿！欺負女人的男人最可恥喔！」

「喂！別瞧不起女人喔，別忘了你也是女人生的哩！」

好女人總是被迫害，心軟的人容易受傷害，妳，可以拒絕當受害者。

魔女體質改造第二回合 食物改造法

好女人必須進得廚房、善於烹飪，知道一家大小愛吃什麼。

魔女可以爲心愛的人洗手做羹湯，但必須是妳喜歡、願意、高興做，而不是責任或義務。

不想做就不要勉強，勉強就會有怨，有怨就不會有眞正的幸福。

別相信「要抓住男人的心，要先抓住他的胃」，多的是男人安閒蹺腳看報紙，女人在廚房忙得焦頭爛額，男人還嫌棄女人是「黃臉婆」、滿身油煙味，沒有外面女人的脂粉味迷人。

要做好廚娘，就必須像電視廣告中的主婦一樣，做完一桌料理依然一副「不食人間煙火、出油煙而不染」的模樣，否則對男人這種視覺型的動物而言，好料理還是不如秀色可餐的美女。

廚藝只是吸引男人的附帶條件，沒有男人會只因爲妳的好廚藝就交出眞心——除非他是一條豬。

要抓住男人的胃，請他先交出眞心；抓住了男人的胃，委屈自己的胃。

魔女體質就從最簡單的「吃」培養起。現在，妳就去超市買東西訓練自己，別盡想他喜歡吃什麼，如果他不吃妳最愛的生菜沙拉和玉米濃湯，他可以選擇餓肚子。如果他嫌食物不夠美味，請他自己下廚去。

買他最愛吃的，因爲他快樂所以妳快樂。

也一定要記得買妳愛吃的，因爲既然妳不快樂，也不會給他快樂。

不要只想到別人愛吃的，一旦妳漠視自己的需要，久了，別人就會忘了妳也會有需要。

魔女體質改造第三回合　本我思考法

好女人必須無私無我，「公」而忘私，結果失去自己，也未必贏得尊重或愛情。

妳曾經習慣以他的愛惡爲愛惡，以他的意見爲意見，從現在開始，妳要練習著說：「我覺得」、「我喜歡」、「我想要」。

勇敢說出妳的想法，大膽表現妳的個性。

他不喜歡妳穿露臍低胸的衣服，卻猛盯路上性感辣妹流口水。只要妳喜歡，妳也可以穿上妳的性感小可愛，如果他瞠目豎眼，妳就拍拍他氣呼呼的臉頰說：「可是我覺得很好看啊！」

他討厭妳和妳那些姊妹淘在一起，認爲「不過是一些三姑六婆在東家長西家短」，妳應該以德報怨告訴他：「我很喜歡你的朋友，也很希望你能接受我的朋友。」甚至笑笑威脅他：「如果沒有這些三姑六婆陪我打發時間，那你要天天陪我嗎？」

妳可以喜歡 Kitty ，管他說那很幼稚；妳可以愛看文藝片，如果他不喜歡就請他在戲院門口等；妳可以選擇去打球，而不必老遷就他去打牌。妳可以精神上支持親民黨，雖然他是忠誠民進黨黨員，妳也不必爲愛叛黨失原則；如果妳熱愛玫瑰嬌豔，當他說俗氣時，妳也要勇於表達：「但是，我就是喜歡玫瑰呢！」

愛，必須是彼此尊重、互相協調，而不是一方讓步委屈。

只有不失去自己，妳才可能得到高品質的愛情和男人。

只有勇敢表達自己，妳才會在愛情中得到尊重與平等。

好女人愛當油麻菜耔，順從男人、服膺愛情。

魔女覺得做松田聖子或卡門也不壞，永遠順從自己，服膺快樂。

忠於自己，眞的很不錯！

Magic Book Magic Book

戀愛萬歲！

我就是要戀愛！

「拿鐵？奶精多一點？」

「答對了！」晴汶應道，同時和那位叫小剛的男侍者會心一笑。

「喵喵沒來？」

「在獸醫院做檢查，牠最近有點厭食。」晴汶臉上有抹憂心。

「會不會上次配種後戀愛了，所以食不下嚥？」

「很有可能喔！」晴汶頑皮地眨著大眼，「原來動物跟人一樣都會爲情所苦，唉——」她故作誇張的嘆氣。

「唉，讓我爲喵喵早逝的愛情哀悼三秒鐘，阿門——」小剛裝出牧師般虔誠禱告的模樣，逗得晴汶大笑。

不記得從何時開始，每天到這家餐廳喝杯咖啡，成了晴汶的習慣。也許喜歡它雅緻的裝潢，也可能是它猖狂的咖啡香太挑逗，更可能是剛失戀的孤寂讓晴汶迷戀上了它的溫馨。坐在固定的位置，喝著同樣的咖啡，她不喜歡生活一成不變，卻對品味有著近乎執拗的堅持，就像她獨鍾這裡的拿鐵，就像她放棄余俊華的感情。

放棄五年的感情，是她對愛情品味的不妥協。她出差大陸四個多月，原本就不指望余俊華在台灣爲她守身如玉，只是沒料到男人偷腥撒謊的技術如此粗糙愚蠢。晴汶手機沒電，向余俊華借手機打，無意中發現他的手機裡幾乎每隔一、兩小時一通肉麻露骨的簡訊。「朋友開玩笑的。」余俊華詭辯道。

哪個朋友會無聊到這樣定時傳訊？晴汶沒有當場拆穿他。

以往週日，他們會相偕打高爾夫，現在余俊華老說要加班，連聖誕節都說要應酬客戶。晴汶沒有打電話查勤，如果連這最基本的尊重和信賴都沒有，愛情就不必存在。

尊重並沒有換來足夠的自重，週日午後，晴汶一人在飯店喝下午茶，打給好友Judy一直關機。「女人一結婚有了家庭，就不用朋友啦。」晴汶常笑著對Judy埋怨，不過，看到好友覓得良婿、得到幸福，總是值得開心。

晴汶俯身拾起掉落的餐巾，一抬眼正巧看到Judy走了進來，好朋友就是這麼有默契，晴汶正欲揚手招呼，卻猛然發現Judy身後的男人——余俊華！他挽著Judy，宛如熱戀中的情侶。他們一點也沒發現到晴汶。

約半分鐘的震驚和呆楞後，晴汶深吸了口氣，向他們行去。

「兔子先生，窩邊草好吃嗎？」晴汶聲音冷靜得無波無瀾。

余俊華和Judy卻嚇得險些跌下椅子來。

「我　我們碰巧在門口遇到。」Judy期期艾艾道。

「是嗎？是從樓上房間部下來的吧？」晴汶只是信口胡謅，大膽假設。

「妳跟蹤我？」余俊華不打自招，承認了晴汶不肯相信的一切。

怒火，像野火燎原，晴汶陡地拉拔高聲音，對著Judy叫道：

「妳有那麼好的老公，爲什麼還來搶好朋友的情人呢？妳對得起妳老公？對得起我這個好朋友嗎？」

語畢，晴汶轉身便走，任全飯店的客人用看姦夫淫婦的目光殺死他們。

失去了愛，晴汶覺得自己像枯萎的玫瑰花，失去了光彩與美麗。

「咖啡像愛，冷了就變了味，喝起來也風味盡失。」小剛說這是他從書上看到的，所以，每回端來咖啡，他總會催著晴汶，怕她又發呆，冷落了咖啡。

「妳的咖啡冷了。」這是小剛對晴汶說的第一句話。「呃？沒關係。」

「不行，這樣對咖啡很不禮貌。」小剛的一本正經，惹得晴汶不禁莞爾。

從那次以後，小剛常常免費附送上剛出爐的餅乾或蛋糕，有時他會逗逗晴汶寵物籃裡的小狗，或者旁若無人地替晴汶「無限續杯」，每次他都會過來和晴汶閒聊幾句。他問晴汶，幹嘛把一隻狗取名叫「喵喵」？

「本來想買一隻貓，連名字都取好了，但是一進寵物店，一眼就看上牠，想想狗爲什麼不能叫『喵喵』呢？」

小剛饒富興味地盯著晴汶，「妳，眞的很特別。」

「特別有兩種意義，」晴汶托著腮、睨著臉，心裡卻詫異自己竟會對一個小她十歲的男孩賣弄起風騷來，「最好的，或最壞的。」

「最好的。」小剛說完，即刻漲紅了臉。

晴汶當然讀得出小剛眼中對

她強烈的好感，這是女人的直覺。雖然兩人有很大的年齡和社會地位的差距，但是被一個看來不討厭的男人喜歡戀慕，總是好事。

每天晴汶會來喝一杯咖啡，順便享受一下被愛慕的虛榮。小剛會多送她點心或幾顆他折的小星星紙球，晴汶付錢時，常懶得拿回零錢；有時小剛會特地為喵喵烤一塊牠最愛的巧克力酥，而晴汶會順便送小剛一份她公司出版的遊戲軟體。她喜歡這樣似有若無的感覺。

「妳愈來愈漂亮了，是不是在戀愛？」最近周圍的人看到晴汶都這麼說。

「你猜呢？」

晴汶不置可否，下意識又瞅了眼落地窗上反射的身影，她，似乎愈來愈喜歡自己了。

做個永遠有「戀愛感」的女人

戀愛中的女人，最美。

失戀後的女人，最憔悴。

不戀不愛的女人，逐漸枯萎。

「戀愛」是最神奇的魔法，當妳墜入情網，「噹！」一下子間，妳像被仙女棒點到了似的——變美了！賀爾蒙的分泌旺盛讓妳皮膚變得光滑細緻，被愛的自信使妳神采煥發，幸福快樂讓妳閃閃動人，妳，美得令人不敢直視。

即使——妳原本是恐龍級的長相，也會因戀愛而成爲最美麗的母恐龍。

戀愛，有益身心健康！

法國文學家莫洛亞說：「一個戀愛中的人，本能地會在原有的缺點之外，增加許多後天的魅力。」

戀愛，眞的是最神效的美容！

問題是，戀愛必須有對手，必得兩人同「心」完成，萬一白馬王子遲遲不來，春天又老是遲到，那麼，就運用「戀愛美容術ＤＩＹ」，讓自己做個有「戀愛感」的女人吧！

沒有對象，妳一樣可以是戀愛中的女人。

戀愛美容DIY第一式——「愛的裝扮」無所不在

跟情人約會前，妳是不是心情特別亢奮，會特意打扮修飾一番？現在，每天就假設你要出去和情人見面，帶著這樣的心情來裝扮自己。動物求偶會特別散發出某些氣味來，或者像風騷的孔雀開屏般展現出最絢麗的外表。魔女要吸引異性，首先得讓自己看起來「可口」，而且時時都誘人。毋恃敵之不來，恃吾有以待之，不是等戀愛了再來精心打扮，妳現在就要穿上「愛的戰鬥服」，化好「戀愛妝」，王子不知什麼時候會出現，但是魔女必須什麼時候都是魅力魔女。

關掉那些什麼「領悟」、「別在傷口灑鹽」的悲情歌曲，也不要再一副自怨自艾的怨婦臉，妳要開朗自信而且勇於散發魅力。撥弄頭髮、甩甩頭，任髮稍流動出風的線條，這是很有女人味的舉動，如果妳有一頭飄逸的

秀髮的話。

托腮微笑，會讓妳看來迷人又親切。

專注聆聽，再適時加上「眞的嗎？」、「太棒了！」，男人會相信妳是他今世的知音。

開懷大笑沒關係，現在並不流行冰山美人，蒙娜麗莎式的便秘微笑，只適合擺在博物館，自在爽朗的「陽光笑容」才夠魅力。

釋放出妳的親和、熱情和魅力，就是要讓別人讀出妳的「魔力密碼」在說：「我要戀愛！」

「追我吧！」

「就是要想迷死你，怎樣？」

精心打扮的外貌，開朗開闊的心胸，親切迷人的肢體邀請，讓妳看來就像樹上熟艷欲滴的果實，誰看了會不想動手？

戀愛美容DIY第二式——移形換影

既然妳把自己弄得如此可口誘人又香味四溢，自然會有王子「聞香下馬」在妳身畔伺機而動。

倘若其中有教妳心動的對象，那麼，恭喜妳，妳可以直接晉級，跳到下一篇。

萬一這些「斑馬」王子實在差強人意，那麼，千萬別「爲戀愛而戀愛」將就湊合著用，英國大文豪蕭伯納說：「戀愛不是慈善事業，所以不能隨便施捨。」不適合的戀人比沒有戀人更糟。

不必接受不夠中意的人的愛，但是，妳可以接收他們愛慕的眼神。管他是樓下便利商店的工讀生，還是泊車男孩，或者是已婚的上司主管，現在，妳需要的是「戀愛的感覺」，而不是「戀愛」，戀愛的對象妳可以堅持門檻、審

慎選擇，戀愛感的對手只要不討厭就行了。

「不討厭」這點很重要，被阿沙不魯的討厭鬼戀慕（這時只能說是「垂涎」），不但不會有被愛的虛榮，反而會教人覺得備受侮辱。

妳說，被癩蛤蟆盯上的天鵝，會高興得起來嗎？

所以，找個看得順眼的愛慕者，當妳需要一點身為女人的眞實感或渴望被愛得輕飄飄，就在他面前飄來蕩去，給他一個燦爛的笑靨，然後，接受他「愛的注目」。

不用也不能給他太多的回應，萬一他眞的展開攻勢，被不夠喜歡的人糾纏，將就愛上了，委屈自己；不去愛，又得費心甩開，所以，要保持著「偶像和Fans」般的安全距離，親切但不親密，談天卻不談心，友善不必友愛。

聊興趣嗜好或人生，但不要談心事說委屈，那是男朋友的特權。

可以開心相處，但不要在他面前落淚哭泣，這是保留對「心儀對象」使用的技倆。

記住！他是「加油站」，爲妳加戀愛感覺的油，而妳，負責付出親切友善。銀貨兩訖，其他，不必牽扯。

戀愛美容DIY第三式——求人不如求己

有可能全世界的男人都瞎了狗眼，給不了妳傾慕的目光，那麼，學學蚯蚓的雌雄同體，把自己當情人，跟自己談戀愛吧！

妳喜歡男人天天對妳說「我愛妳」，現在妳就按照早午晚三餐外加消夜，對自己說：「我好愛自己喔！」

情人眼裡出西施，每天找出自己一個優點，強力稱讚自己一番。

妳可以買一條妳希望情人送的項鍊給自己；陪自己去看文藝愛情大悲劇；請自己吃浪漫燭光晚餐，甚至寫情書給自己，妳希望情人怎麼對妳，就那麼對待自己。

孤單時鼓勵自己：「一個人很自在，起碼不必勉強遷就別人。」

時時告訴自己：「我是值得被愛、值得被善待的。」如果目前沒有人幸運到可以來愛妳，妳就更要

加倍疼愛自己、善待自己。

多練習幾次，妳會發現跟自己戀愛也不壞，文學家富蘭克林就說過：「和自己戀愛，將不會有情敵。」最起碼，妳不必擔心情人變心。

如果戀愛會讓人變美、變快樂，那就戀愛吧！

如果沒戀愛可談，就讓自己有「戀愛感」吧！

再苦、再忙、再累、再沒有對象，也要談戀愛。

戀愛萬歲！
我就是要戀愛！

Magic Book Magic Book

美麗有魔法

醜女大翻身

美麗有魔法 3 醜女大翻身

每個人都發現——靖庭變了。

「整型！」行政室雪華嚷道，「說什麼去日本『旅行』，她一定是去整型了。」

「拜託，她才去五天，不可能整完型五天就完好如初、毫無痕跡吧？」會計李姐一付行家的口吻。

「可是……她眞的像換了一個人似的。」

靖庭眞的換了一個人似的，就像被仙女棒點了一下，從前那個平凡不起眼的許靖庭，幾天不見，竟然從灰姑娘蛻變成令人眼睛一亮的美女，更讓人驚訝的是，向有「獨行俠」封號、總是冷若冰霜拒人於千里之外的她，居然會笑了。

「早上她一進公司跟我打招呼，還對我笑呢！」總機小姐露出不可置信的表情。

「她剛才請我叫快遞送資料給客戶，也送了我一包日本糖果呢！」櫃檯美眉也加入討論。

「才幾天而已，到底是什麼原因讓她一下子脫胎換骨呢？」

大家都在議論著靖庭，她進公司快四年了，從沒像現在這樣引人注目與好奇。

「有嗎？變很多嗎？我想應該感謝現代化妝術的鬼斧神工吧！」

靖庭說得雲淡風輕，衆人卻還迷霧層層。中午，同部門的阿德和業務部的黃金單身漢陳協理，都來問她要不要共進午餐。

「不了，休假幾天回來要趕一些進度。」靖庭嫣然一笑，「那——麻煩你幫我帶個排骨便當回來吧，謝謝你喔，陳協理。」

等她離開公司，已經晚上八點了，幸好住家巷口的小吃店還沒打烊

，靖庭照例叫了什錦麵和豬肝湯。店老闆把麵端來時，還瞅了靖庭半天。「妳是……許小姐？」

真的那麼不一樣嗎？靖庭回到家對鏡征忡良久，依稀彷彿間，她看見幾天前在日本飯店梳妝鏡前那個平凡而憤慨的自己……

鏡子，東京王子飯店房間的鏡子前，靖庭蓬頭垢面地盯著鏡中的身影，床上躺著靖庭簡單的行囊，「難道長得不夠漂亮的人就注定悲慘？就注定出不了頭嗎？」她握拳問自己。前天在總經理室前，她無意間聽到總經理和靖庭的直屬上司王經理的對話。

「你的部門那個許靖庭能力、資歷都不差，精通英日語，按理該升她做主任，但是，她和其他同事互動情形似乎不是很好，而且……」總經理說。

「我懂總經理您的想法，做企劃主任得直接面對客戶，上回您故意要她和蔡宜蓉跟我一道去向凱華公司何總做報告，她還是一副晚娘面孔，弄得何總很感冒，相較之下，蔡宜蓉就稱頭也得體多了。」

靖庭覺得這種指控一點也不公平，何總性好漁色素來聞名，即使她再怎麼微笑賣騷獻殷勤，也比不上風情萬種又美豔嬌媚的蔡宜蓉。

一直都是這樣的，美麗的女人永遠佔盡便宜。上個月交往兩年多的男友提出分手，「我覺得我們不合適。」其實只是藉口，幾個禮拜後，她在東區鬧街上看見他親熱地擁著一個艷麗得十分放肆的女人。他從不在公眾場合拉她或抱她，像要刻意劃清界線，嫌她上不了檯面、出不了廳堂。

屋漏偏逢連夜雨，靖庭原本計畫到日本過個「失戀假」，臨上飛機前一刻得知了新的人事命令——果然是蔡宜蓉出線當上了企劃主任！

「爲什麼我不能長得漂亮一點呢？」異國飯店裡，靖庭望著鏡中的自己，撲簌簌眼淚成串。

禁錮自己在房間裡，靖庭的心情糟得一如窗外灰濛濛的東京天空。電視節目「上岡異言堂」一群藝人正熱烈地討論哪位藝人化妝前後差異最大，答案出來是：ＡＶ女王飯島愛。

獲得這糗死人的殊榮，飯島愛居然還笑得出來，「咦？有這麼多人看過我沒化妝嗎？眞糟糕！不過呢，我剛出道拍A片時，我爸媽看到螢幕上畫了妝的我，也是認不出來呢！」

電視螢幕上閃出一

張張化妝前後的對比照片，不由得教人感嘆，上帝創造了一張臉，美容技術創造了另一張！

瞬間，靖庭被當頭棒喝敲醒了！因爲覺得自己醜，怕打扮會惹來「醜人多作怪」之譏，所以靖庭從不裝扮自己；因爲自認不吸引人，所以對男人她從不假以辭色，怕別人說她花癡自作多情；因爲擔心別人批評她的長相，她老是拒人於千里之外，怕又刺激了自己脆弱的自尊。這般呆板自卑、臭著臉又不肯「美化」的模樣，就連自己看了都討厭！

鏡子，髮廊的鏡子，映著的是全新的一張臉，削短的髮俐落而年輕，淡雅得宜的彩妝把靖庭黯沉的膚色變白皙、微腫的雙眼變得深邃了。

「這眞的是我嗎？」靖庭驚呼。

走出這家改造了許多日本明星的知名髮廊，靖庭第一次發現有人對她行注目禮，甚至當她搭機返台時，鄰座那位看來挺有質感的男士還猛對靖庭獻殷勤。

「一定很多人說過，妳笑起來很迷人！」桃園機場前，男士依依不捨留了電話給靖庭。

靖庭嫣然一笑，她很想告訴他，因爲自卑有幾顆暴牙，她一直很少笑。

靖庭的笑容愈來愈多，她桌上的電話也愈來愈熱門，不是公司的幾個單身漢邀她，就是其他女同事打來哈拉，連總經理都問她這個週末有沒有空，他的一個甥姪晚輩從美國回來專程相親。

更神奇的是，前兩天她一臉素淨「回復醜小鴨本色」去超市採買，居然有位英挺正派的男人過來搭訕。這是以前從沒有發生過的事。

對電梯裡的鏡子做了個鬼臉，門開了，靖庭大踏步跨出大門，外面，陰霾已褪，艷陽高照，又是美好的一天！

勾魂大法，專勾男人魂！

如果有男人告訴妳：「外在美是狗屎，一點都不重要！」這只有兩種可能——

第一種可能，他在安慰妳。說這話的同時也在告訴妳，唉！妳實在眞的沒什麼外在美。

第二種可能，他在說謊。因爲他還有下半句話沒說出口——外在美是狗屎，不過男人都是狗，而狗改不了吃屎！

愛美是天性，即使試著「人不可貌相」，也還是免不了「以貌取人」，尤其男人這種「視覺型動物」，就誠如英國劇作家王爾德所言：「女人是用耳朵談戀愛，而男人是用眼睛來戀愛的。」我們不得不承認，美麗是女人的通行證，絕大部分的男人對美色根本毫無免疫力。

幸好，感謝上帝，那種傾城傾國或恐龍怪獸級的「極品」畢竟少數，絕大部分的人都是屬於不美不醜、不算嚇人也不太迷人的「平庸之姿」。姿色平庸，沒什麼大不了，就算上帝在創造妳時偷懶打盹兼開了點玩笑，也無所謂，只要靠著「勾魂大法」，妳一樣可以化腐朽爲神奇，讓男人爲妳——暫時停止呼吸！

勾魂大法第一式——妳的眼睛會說話

羅曼羅蘭說：「女人的眼珠是蜘蛛，男人一沾上，就別想掙脫！」靈魂之窗的魔力可見一斑。

五官中最明顯的是雙眼，文人對眼睛的著墨也最多，什麼顧盼生姿、美目盼兮、眼波流轉……其實，不管妳是鳳眼、鷹眼、瞇瞇眼、小眼還是濃眉大眼，都要設法讓妳的眼睛電力無限！

平常多做眼珠運動，讓眼珠順時鐘再逆時鐘轉動，多運動，眼波自然靈活生動。有了一雙慧黠眼眸，接下來，要訓練妳的眼睛說出不同的情話。

找一張妳最崇拜的偉人或偶像的照片，想像他就站在妳眼前，定定看他一分鐘，記住此刻的眼光——這是「愛慕」的眼神。

學某些偶像明星瞪

大眼睛裝可愛、扮無辜，對了，就是看起來智商不太高的樣子——這是「清純」的眼神。

睜圓眼珠，睫毛眨巴眨巴的——這是「頑皮撒嬌」的眼神。

眼睛微闔，視線放朦朧，好像剛睡醒還沒調好焦距——這是訴說「嘿！我對你滿感興趣的喔！」的魅惑眼神。

視線定在遠方某一點，努力想一些感傷的事令眼眶盈滿水霧——這是梨花帶雨的哀愁眼神。

撒嬌清純的眼神幫妳「扮豬吃老虎」，讓男人誤以為妳是個笨笨可愛又容易拐騙的小女人。

魅惑的眼神，讓妳看起來有點壞，不過男人會更愛。

哀愁無助的眼睛，點燃男人的英雄慾，讓他無法自拔。

這幾種「眼語」盡現女人風情，交叉運用，收服男人，易如反掌。

勾魂大法第二式——我笑、我笑、我笑笑笑

女人記得讓她笑的男人，男人則不會忘了讓他哭的女人。

但是，女人總是留在讓她哭的男人身邊，而男人，卻留在讓他笑的女人那裡。

冰山美人的時代已經過去了，倘若妳還堅持冷若冰霜、不苟言笑，就等著被打入冷宮，連狗也不跟妳說笑話了。

在這個陽光女孩當道的年代，妳當然可以偶爾扮憂鬱耍可憐扮「鬱女」，來贏得男人的同情憐愛，但是，男人都很懶的，總是哪邊輕鬆哪邊去，偶爾跟可憐柔弱女相處固然可以滿足英雄欲，但是要男人一天到晚面對一個苦著臉嘆著氣的對象，就未免太沉重些。相較之下，樂觀開朗的女人絕對比哀怨苦情女容易共渡一生。

也許你覺得自己笑

起來一點也不「巧笑倩兮」，甚至有「笑起來比哭還難看」之虞，別在意，多笑幾回，妳會愈笑愈自然、愈笑愈美麗，最重要的是愈笑愈開心。

管妳暴牙虎牙或缺了一顆牙，笑，就是具有讓人變美的神奇魔力，大笑很豪氣，張口笑是率性，微笑是和善，抿嘴笑很淘氣，只要笑得自在自然，就是美。

跟愁眉苦臉的苦瓜美女比起來，一個笑得開心爽朗的平凡女人，肯定更耐人尋味。

別管美醜，放輕鬆點，笑一個！

勾魂大法第三式——柔聲軟調好口氣

說情話講好話，內容誠重要，音色腔調口氣更具關鍵。

在每句話後面加個語助詞，粗言硬語立刻成了鶯聲燕語。

要麻煩別人或撒嬌賣乖，可以加「嘛、嗯、耶、啦」。

要表現親切溫柔，就加上「啊、囉、喔、呵」。

譬如：加油啊、謝謝囉、好棒耶、對不起嘛、沒辦法喔、不行啦、不可以呀……女人不要硬撐，也不必太緊繃，好口氣加上溫柔的語調，就算要拒絕人、就算說重話，加上了尾音，妳的聲音就柔軟許多，妳的話就變可愛起來，妳的語意也會更令人容易接受。

最重要的是，感覺起來妳更有女人味了。

妳還可以在每句話後面加上稱謂或對方名字，「謝謝你喔，王經

理。」、「早安啊，文蕙。」、「請幫我影印一份，好嗎？美女。」加上稱呼，對方會更覺得備受重視，這種尊重，會爲妳贏來好印象、搏得好人緣。

做事，可以強悍，私底下，最好柔軟一點、有彈性一些。第一步，就從說話的語氣改起。

勾魂大法第四式——化妝與自信

經典電影「窈窕淑女」中，一個粗鄙俗艷的賣花女，經過儀態和化妝服裝的改造，出落成迷倒眾生的名媛淑女。

沒有醜女人，只有懶女人。閱女人無數的劇作家王爾德就有很犀利的觀察心得：「世上只有兩種女人，未施脂粉的女人和化了妝的女人。」女人沒有美醜之分，只有化妝前後之別。所以，只要妳願意，現代化妝術就救得了妳，只要肯花心思，醜小鴨照樣變天鵝。

化裝造型可以整「形」，充實內涵有助「相由心生」，而想要大幅快速變臉，就只有依賴整「型」了。整型，並非必要，但也無需排斥，變美是道德的，只要安全無虞，整型來增加自信與魅力，有何不可？

重要的是，不要怕

被別人識破。

日本魔女松田聖子出道前，就曾全臉大整頓，面對媒體的詢問，她倒是坦然，「我這張臉是日本美容界最成功的傑作！」

多坦率！多自豪！整型就整型，美麗才是重點吧！

我就是愛漂亮，怎樣？

整型，沒什麼不可以；整心，其實更有效。要相信自己是魅力十足的，即使沒有出色的外貌，也深信妳自有迷人之處。

我有個朋友眼小、鼻塌、嘴寬、臉又大，就算再怎麼不挑剔，妳也無法說她是美女。但是，如果妳問她自覺「五官」哪個部位最美，她會毫不猶豫爽聲道：「手指！」

夠帥吧！

幽默大師馬克吐溫說：「沒有人要稱讚妳時，不妨自己稱讚一下自己！」

魔女不自我矇騙，卻懂得找出自己最出色的地方，而且，強化它！

美麗，不在五官的姣好、或身材的玲瓏，而在內心與外在整體呈現的感覺。

莎士比亞說：「美貌令女人驕傲，貞操令女人聖潔，美德令女人受敬慕。」美貌只能讓妳迷人五分鐘，美德與自信，卻能讓妳由內而外散發出雋永的風采。

魔女熱愛自己，了解自己的優點，而且懂得把優點強化成魔力，寧可自我催眠絕不自暴自棄，從現在起，妳要每天對心中的魔鏡，唸出魔咒：「我是最有魅力的女人！」說服自己，妳才說服得了別人。

自信，是最好的化妝。

我就是性感

魅力大放送

Magic Book Magic Book

宜蓉？小莉瞪大眼珠子盯著斑馬線那端的女人——果眞是大學的同班同學蔡宜蓉。

對面的女人也發現了小莉，高舉著手不停地對小莉揮舞。

紅燈阻斷了兩人的相認，也讓小莉有時間好好打量宜蓉，審視歲月在彼此身上鏨留的印記。以前學生時代微胖粗獷、一貫留著小男生短髮、永遠牛仔褲涼鞋的宜蓉，像變了一個人似的，如果不是眼尾那顆痣，小莉實在很難將當年的男人婆和眼前的時髦女郎聯想在一起，清瘦婀娜的體態、合身的淺藍套裝、及肩如瀑的秀髮、秀氣細跟的高跟鞋，連女人都忍不住多看一眼。

「眞巧呢，會在這裡碰到妳。」宜蓉走到小莉面前熱絡道。

「是啊，十一、二年了吧。」小莉說，一面打量宜蓉身旁十分體面的男人。

「呃，這是我男朋友Jeff，這是我大學同學黎小莉。」

兩人交換了名片，相約下週見面敘舊。那天回到家，小莉瞅著鏡中的自己怔忡良久，想當年自己可是英文系炙手可熱的美女，曾幾何時耀眼的光芒早被現實磨蝕殆盡了。初入職場時，怕被定位成「花瓶」，小莉不但日夜打拚，而且利用晚上再去補習電腦，還把那些「三太」——太露、人花、太炫的衣服全都束諸高閣。

尤其在那回她聽到同事們在洗手間對她的議論之後。

「那個新來的什麼小莉的，今天穿的是什麼啊？她以爲她是來做舞小姐啊？」總機琳達邊洗手邊說道。

「對呀，送文件給經理時，還故意彎下來，幹嘛？波霸了不起啊？」會計林姐應道。

「還不只這樣，跟業務部那群色狼有說有笑的，眞受不了。」

在洗手檯的兩人嘰嘰咯咯地笑了起來，完全沒察覺在廁所裡的小莉。

坐在馬桶上，小莉掩面無聲地流下淚來。衣服領口低了些，就如此十惡不赦嗎？送文件給上司時有禮貌地鞠躬，不對嗎？對人和善面帶微笑，錯了嗎？

那天以後，小莉開始愈來愈像「學校的訓

導主任」，她知道這是同事背後替她取的封號，永遠的深色套裝長窄裙，襯衫扣到最上面一顆，亮麗的無框眼鏡換成了黑邊鏡框，她收斂起美麗，封鎖了青春，也掩藏住笑靨，即使是私底下，她也沒有再穿上最能展現她美腿的迷你裙，因爲男友覺得那不是好女孩的打扮。

「妳瞧，穿那種中空又露腿的衣服都被看光光了，一看就不是好女人。」

「說人家不是好女人，你還不是一直盯著猛看？」

「所以我才說不是好女人啊，好女人會讓男人這樣色瞇瞇的『白看』嗎？」

小莉覺得男友根本是強詞奪理，不過，反正小莉也早已習慣那些端莊得有些老氣的衣著。升上主任後，小莉甚至還把一頭飄逸長髮梳成了髮髻。

「這樣看起來更像老處女了。」特別是在男友變心離開以後，小莉對著鏡中的自己澀澀地揶揄道。

現在，沒有人會再議論小莉是憑「美色」得到升遷了——即使小莉一路晉升成公司最年輕的經理。

再照照鏡子，確定一切妥當後，小莉翩然踱出餐廳的洗手間。

女人暗中較勁的心態雖然可笑，但爲了今天和大學同學宜蓉見面，小莉可是花了不少心思，只望扳回上次的劣勢。拉拉領口，扯扯裙角，許久沒做如此性感女性的裝扮，小莉十分侷促，連妝都擔心隨時要剝落了似的。

「哈，對不起喲，我遲到了。」宜蓉頑皮地吐吐舌瓣，指了指身旁的男人，「我男朋友廖樹德。」又旋身對男人說：「六點來接我喔，拜！」

小莉發現這男人和上次那人不一樣，也注意到宜蓉今天穿一件簡單T恤加牛仔褲，就像當年的那個男人婆。不同的是，即使中性穿著，宜蓉一舉手、一投足，都散發著濃濃的女人味！

「假日妳怎麼還穿得這麼正式啊？」宜蓉一面揚手招喚侍者，一面對小莉悄聲說：「對了，別跟廖樹德說妳上次看到我另一個男友喔。」

「他們都是妳的……男朋友？」

「別說我濫情喲，我只是還在審愼評估考慮中，他們都對我很好，我需要一點時間來確定誰合適我嘛。」宜蓉才對小莉擺出無辜的神情，一轉頭面對俊俏的男服務生，立刻換上甜美柔媚的笑容，「嗯……你有沒有要推薦我喝什麼呀？」

「呃？」服務生在極短暫錯愕後，隨即受寵若驚地換上討好的笑臉，「我們的曼特寧挺不錯的，還可以加上一份提拉米蘇，反正妳身材這麼好，不必怕胖。」

「OK，You got it.」宜蓉比了個俏皮手勢，甜甜一笑。

侍者一走，小莉就忍不住問：「妳跟以前完全不一樣，變得很……很……」

「很風騷！」宜蓉說完變逕自大笑起來。「其實從小到大，我都是一個男人婆，連我的初戀情人離開我時都說：『妳太男性化了，難道妳就不能像女人一點嗎？』受了這個刺激，我開始破釜沉舟改造自己，第一次穿裙子，我還一直覺得小腿涼颼颼的，好怪喔！不過，當初為男人改變，現在我在乎的是，自己看了舒服、穿得開心，就算穿得再sexy也怡然自得。」

「妳不怕別人背後指指點點？還有那些急色鬼好色的眼光？」

「管他的！妳想讓別人主宰妳，還是自己主宰一切？」

咖啡點心送上來，男服務生還多送來兩塊Muffin.

「剛出爐的，嚐嚐看，這份我招待。」

「謝謝啊，你眞好呢！」宜蓉巧笑倩兮，不算美的臉龐閃著迷人的光彩。

「這衣服眞的好看嗎？謝謝你喔！」小莉開心回應同事的讚美。換成以前的她，可能會多問上一句，「不會太暴露吧？」

今天打從一進公司大門，每個人看到小莉就目瞪口呆，他們從沒見過如此柔美浪漫的小莉，連老學究陳副總都看傻了眼，好半天才回過神，「咳！妳今天很……很不一樣。」

「裙子短一些，俐落點嘛，少扣一顆釦子，看起來比較不死板喲，當然最重要的還是這裡——」小莉指著自己的腦袋。

高跟鞋打在大理石上發出清脆的噠噠聲，開會的人都到齊了，小莉自信地推開會議室的門——

性感無罪，自在有理！

女人，沒有醜陋的權利。讓自己變醜變肥，來破壞自己的美感，殘害別人的眼睛，是不道德的。魔女，只有美麗的命運。

不管妳五官多麼交代不清、四肢如何短小精悍，也不管妳先天多麼不良、後天又曾失調，妳都應該在有限的範圍內做最有效的改造。

整型沒什麼不可以！只要妳不會「整了外型壞了性」，碰到別人提及該部位就神經兮兮兼反應過度，人工美女也是一樣美麗。

化妝也不錯！把皮膚保養好，再加上高超的化妝技術，照樣可以打造出一個「彩妝美女」。只是一旦卸了妝，還原本來面目，小心，別嚇著人。

減肥更應該！在這「瘦即是美」的年代，肥胖簡直是一種罪惡，妳可以拚命瘦身減重，在冰箱及餐桌上貼著身材有緻的泳裝美女或性感偶像的圖片，當妳想打開冰箱門或多吃兩口肉時，看看她們，再瞅瞅自己的肥脂，絕對有「望美止饞」——看到美女止住嘴饞——的功效。飯後散步十分鐘，消夜絕對不入肚中，只要不賠上健康、不愈減愈肥，擁有輕盈窈窕的身材，絕對可以爲妳的魅力加分。

美麗，是上帝的事，魅力，卻可以努力；外貌是天生的，風采和風情卻可以創造。只要夠努力肯改造，妳，一樣能渾身上下散發誘人又迷人的氣息。

Trust yourself, you can make it.

相信妳自己，妳一定做得到！

魅力魔法錦囊一——愛妳的性別和身體

男女平等。妳必須從本質、從內心喜歡妳的「女性」性別。

即使體能比男人差，每個月還得招待大姨媽一次，甚至得忍受某些惡男有意無意、有形無形的性騷擾或歧視，妳都必須熱愛並感謝自己「身為女人」。

妳應該驕傲每月一次的大姨媽，沒有它，妳無法體會「造人」的實感。（起碼比男人早十個月接觸到寶寶！）

妳應該竊喜女人可以冠冕堂皇地打扮化妝。（除非去當紅頂藝人或做變裝秀，否則，男人一輩子別想體驗化妝前後「變臉」的樂趣。）

妳應該愛妳弱不禁風的體力，至少搬不動東西、扛不起重物，妳不必擔心被嘲笑是「弱雞」。

妳應該愛妳的身體，雖然胸部媲美「桃園機場」，腰圍「中廣」，小腿後常有兔子跟著要吃「蘿蔔」，妳還是必須狂愛鍾愛深愛妳身上的每一吋。每天洗澡時，用心撫觸每一個毛孔，「胸部小，內衣好買，而且小而美總比大而無當好吧！腿粗走得快、腰寬重心穩……」

妳應該感謝妳的長相，即使是瞇瞇眼塌鼻又滿臉豆花，「謝謝我的鼻子即使扁塌，也讓我可以呼吸新鮮空氣。感謝我的雙眼，再小再瞇，也讓我能看見日出日落、花開花謝。感謝我的青春痘，他們告訴我……我還年輕。」

魅力魔女不跟著世俗眼光走，妳自有一套審美觀，寧可自戀但絕不自卑，有自信而不自慚形穢，努力運動瘦身但不過分虐待自己，懂得裝扮自己來隱醜揚善，而且十分清楚：除非妳先愛上自己，否則沒有一個男人會眞的愛上妳！

魅力魔法錦囊二——只要性感，不要罪惡感

穿著打扮，別人的眼光「只供參考」，自己的感覺才是最重要的。妳可以低胸露背，不必在乎別人指指點點說妳「淫蕩風騷」，妳可以穿得迷你又涼快，不是爲了吸引男人注意，只要妳眞的喜歡這樣的打扮，而且自在又舒服，那麼——Just do it！

爲了誘惑男人故意擠乳溝、露小褲褲，或刻意嗲聲嬌語，這叫虛僞做作。做了性感打扮卻擔心別人怎麼看，東拉西扯怕領口太低、怕裙子過短、怕布料太透明，這叫彆扭小家子氣。

性感，不在衣服布料的多寡，而是一種隨心所欲的自在與柔軟。包得密不透風一樣可以性感無比，露得有意圖，只會讓人覺得低俗噁心，露得扭扭捏捏，則教人看了難過反胃。衣服只是身體的延伸，不管穿多穿少、穿得中性或女性、穿得老氣或孩子氣，魔女自有三大打扮守則：

第一、爲自己而穿。魔女不會去問別人：「這樣穿，可以嗎？」不會因爲男人愛看而穿，也不因怕男人色瞇瞇看而拒穿。魔女不喜歡「女爲悅己者容」

，只堅持「女爲悅己而容」，幹嘛爲男人打扮？讓自己看了高興喜歡才重要。

第二、穿名牌不如穿出名牌。即使是路邊攤貨，魔女也能穿出名牌感、穿出自己的風格。魔女知道自己的風采不在打扮穿著上，而在舉手投足間；自己的價值不在衣服，而是在衣服裡面的那個人。就算穿夜市廉價衣物，魔女也敢大聲說：「什麼是名牌？我，就是名牌！」

第三、性感無罪，罪惡感滾一邊去！穿衣服就是穿衣服，幹嘛扯一堆禮義廉恥生活與倫理？暴露未必性感，性感不必有罪惡感，不用在意妳的風情萬種惹來別人的死盯猛瞧，那是對方的問題，不要因此放棄打扮的樂趣。妳可以不管他、走開、或者大剌剌走到他面前：「色不迷人人自迷，難道你非得用這種色情的猥褻眼光看人嗎？」

寧做性感的潘金蓮，不做寃得要死的竇娥！當瑪麗蓮夢露其實比做聖女貞德開心！魔女主宰自己的身體、穿衣權和一切，從不讓莫名的「罪惡感」和「好女形象」成爲身上的裹腳布。

「我就是性感，怎樣？」魔女永遠理直氣壯。

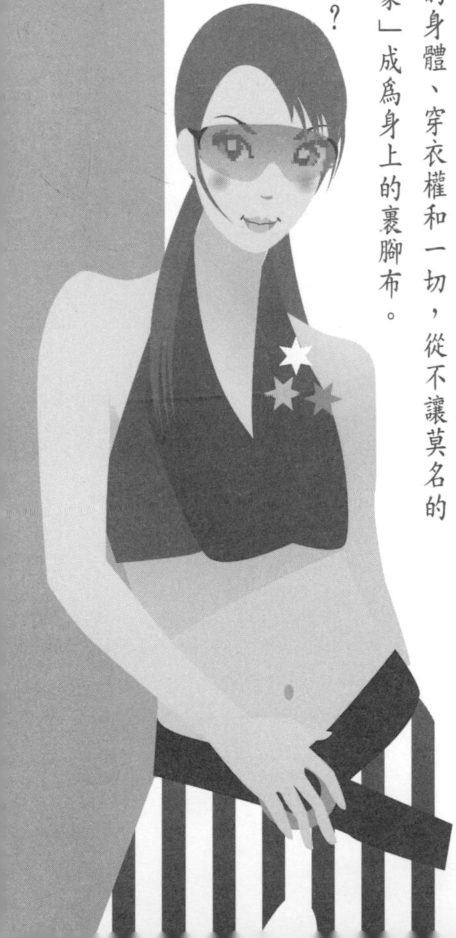

魅力魔法錦囊三——美麗內涵一樣重要

妳熱愛自己、主宰一切，妳的呼吸暢通無阻、舉手投足都自在怡然，妳渾身散發自然率眞、無畏世俗的魅力，妳是如此迷人，但是妳一開口，別人就印象幻滅、相見不如懷念。這種「閉口魔女」，只有三分鐘魅力。

法國作家莫里哀說：「眞正的愛情必定是建立在傾慕對方外表和心靈的基礎上，缺乏內涵的外在美，是容易凋謝的花朵。」

妳不必硬撐去背誦送詩詞古賦來增加氣質，如果妳眞的不喜歡。明明看不懂繪畫，卻附庸風雅學畫評畫，這叫矯情。

妳不用刻意出口成章或滿口英文，沒有必要的賣弄，不會增加妳的內涵指數，只會提高噁心評分。

妳可以喜歡賺錢、熱衷競爭、愛聊八卦，不要擔心別人說妳銅臭俗氣或八婆三八，重要的是妳能聊出一套股票經和理財發財的想法，而且自有一套對八卦的見解與對社會的剖析，而不是只會眼睛亮$或無聊閒嗑牙而已。

永遠對時事新知保持高度的學習心，什麼書籍資訊都有興趣涉獵，魔女可

以談政治、說MP3，也不介意聊點吳宗憲的緋聞、談菜價又漲了……絕不會把叔本華弄成陳淑樺，把馮京當馬涼，就算不清楚足球天王馬拉杜納，也不會隨口胡謅道：「啊，我知道，我們辦公室也種了不少馬拉巴栗樹。」

沒有知識，也一定會有常識，常識不足，就要懂得巧妙掩飾。

魔女知道，外表只能迷人一時，內涵卻能魅力一世。

勇於性感，喜歡主導自己的身體和人生，覺得談賺錢和說詩賦一樣有趣高尚，發現爭取權益比聽天由命快樂過癮，認為討好別人「大可不必」，如果別人希望妳文靜一點、男人要求妳保守一些、老闆期待妳聽話服從一點，妳會勇敢告訴他們：「做自己，最自在！」

別人不喜歡是他家的事！

魔女的魅力在於，永遠可以在合理尺度範圍內——隨心所欲！

ST.

透視男人

魔女的選擇

Magic Book Magic Book

在所有人的眼裡，玫依的「男人運」實在旺得讓人又妒又羨。雖然玫依覺得這「幸運」實在有點令她無福消受。

都是那本撈什子「魔女當家」教的什麼魅力大放送，害她電力過強，硬生生電來了三個男人。第一個男人世豪，是玫依大學同學小莉的大哥。

如果那天玫依沒去參加同學會，如果她的老爺車沒有臨時罷工發不動，她也不會搭上來接小莉的世豪的便車。她只是客套地應酬兩句，哪曉得怎麼會聊到海外共同基金？玫依和世豪竟然對基金投資英雄所見略同，兩人頓覺相見恨晚，在小莉的慫恿下，他們相約翌日繼續「華山論劍」。

從基金談到外匯股票，再談到男歡女愛，交往兩個多月，平常，世豪是個體貼溫柔的百分百情人，才華夠能力又強，俊帥挺拔兼浪漫多金，只不過一發起脾氣來，不但六親不認，更瞬間成了瘋狂的野獸。偏偏世豪生氣的時候又比正常時候多。手機沒電而漏接了國外客戶的電話，他會憤然把剛買的最新型手機摔得屍骨不全；球老打不進洞，球竿倒被他洩恨丟進了湖中；找不到停車位，市長、總統和交通部長的祖宗都被他一一問候過；有一次，他好不容易看到對面一個車位，正欲來個一百八十度大迴轉，卻叫對面另一部眼尖的車子殺出、切入、停好！

那次，要不是玫依一面使勁扯開世豪一面拚命向對方道歉，一齣街頭喋血事件可能就會熱烈上演了。

玫依忍受著世豪的暴躁易怒，直到這天，世豪居然對玫依動了粗。

玫依只不過忘了向世豪「報備」和同事去聚餐又喝了幾杯小酒，等在玫依家樓下的世豪便不分青紅皂白，一個箭步衝上前來，連甩了玫依兩記火辣辣的耳光。

「沒什麼好說了，上次他對我扔煙灰缸，還好沒砸到，這次他竟然打我……」玫依餘怒未消對打來關說調解的小莉說。

舊的「巴掌事件」未完結，新的兩個男人就來了。

辰崗是玫依的「已故」（已經是過去式的）男友，分開近半年又「回鍋」想重續舊緣。

「我知道我對不起妳，當時我眞是鬼迷心竅被那女人纏上了，但是，我最愛的還是妳，一直都是妳！」辰崗每天守門口、每日一束花的攻勢，雖然沒有完全攻下玫依的心防，不過倒是讓玫依的態度軟化了不少。

「我又不是資源回收桶，幹嘛？專收舊貨啊？」嘴裡這麼說，但是一聽到辰崗高燒臥病在床，玫依還是澈夜趕了過去。

「我就知道妳心裡還有我。」辰崗一打開門，便將玫依抱個滿懷。

「原來你騙我，太過分了！」

玫依轉身欲走，卻教辰崗一把揪住，「對不起，妳一直不理我，我只好出此下策，給我一個改過自新的機會，好嗎？」

畢竟有過六年深厚的感情基礎，玫依終於還是接受了回頭的浪子。浪子雖然心不再流浪，卻也沒有穩定下來的打算，只要提及未來或結婚，辰崗就閃爍其詞。「你到底想怎樣？我們這樣下去也不是辦法。」玫依嚷道。

「這樣下去有什麼不好？爲什麼妳們女人就只想結婚，一只婚約又保障得了什麼？」

永無休止的爭辯，永無最終的結論，愛就這麼懸著、耗著，不生，也不死。

阿強是玫依一泓死潭似的生活中不經意投下的一顆石子。他是玫依的下屬，才華平庸，相貌普通，升官沾不上邊，發財與他無緣，是那種在人群中馬上被淹沒、沒有人會記得的類型。冬日突來驟雨的午后，玫依急著趕往機場，雨瀟瀟的路上攔不到一輛空計程車，她跑著，用外套蓋著頭一路跑著找車，阿強的機車嘎然停在她身邊，「趕時間？我載妳。」

她接過安全帽，也讓阿強把身上的雨衣脫下來覆在她身上，機車風馳電駛穿梭車陣中，拯救公主的騎士沒有騎著白馬，卻騎著破機車渾身淋溼把她送到了機場。

玫依車子送修的期間、沒下雨的日子，玫依就讓阿強「順路」送她回家，她其實清楚兩人住的根本不同方向。她重感冒請假，隔天桌上放的那罐維他命，是阿強的關心；她加班，阿強藉口文件未處理完，留下來陪她；半夜她鬧胃疼，是他專程去買胃藥送來給她。

「我有男朋友了。」玫依開門見山道。

「我知道，我……沒別的

意思，我只是……順便……」

有時坐在阿強機車後座，風塵僕僕橫越半個台北市，她會想，自己雖不愛慕虛榮，但是多年來，她力爭上游、咬緊牙根爬到今天的地位，她會甘心一輩子坐在這個老實敦厚卻胸無大志的男人的機車上嗎？

愛，不一定要門當戶對，但如果要配上這麼一個樣樣不如她的平庸男人，她又何苦這麼多年來拚命出人頭地讓自己變得更有身價呢？

她，不甘心！

☎

「玫依，妳不是那麼無情的人吧？」小莉在電話中哀求，「我哥說如果妳不原諒他，他會再撞車死給妳看……」

「不是我無情，世豪的火爆脾氣像一顆不定時炸彈，我們才交往不到三個月，他就動粗兩次，再繼續下去……」玫依說著也哽咽了起來，「我……我眞的不想再活再擔心受怕中。」

等這些承諾等了六年多，眞的等到了反而有一種事不關己的感覺。原來，愛和承諾是最不耐保存的物品，不及時食用，過了有效期限，就只有送進垃圾場的命運。玫依分辨得出來，辰崗的承諾只是爲了挽回，不是心甘情願。

新居廚房，玫依煮著辰崗形容是「世界級難吃」的什錦麵。客廳，阿強正汗水涔涔幫她刷著油漆。從匆匆找房子、閃電搬家到整理打掃，全都是阿強一手包辦。

「休息一下，吃麵吧！趁熱。」

「好，給我大碗的，我最愛吃妳煮的麵了。」

阿強像得到天大的恩寵似的，津津有味吃著玫依的恐怖麵。

行動電話響了，是辰崗，玫依想也不想關了機。

「明天禮拜天，你有空嗎？要不要去陽明山走走？」玫依問。

阿強欣喜若狂，「有、有、有空，我有空。」

不再想辰崗的浪漫、世豪的溫柔或阿強的深情，把感情擱一邊，日子，總要開心過！

這種人，是愛的末路。

第三爛是感情騙子。他才不像不給承諾的壞男人那樣畏縮膽小兼沒種，女人愛聽甜言蜜語、喜歡有未來，他就諾言買一送一再附贈一筐甜死人不償命的情話。

只是說歸說，許下承諾和實踐諾言是兩回事，他只負責信口開河、漫天開愛情的空頭支票，「以後我要爲妳買一棟別墅，裡面有鞦韆、玫瑰花園……」、「我要愛妳一億年，我要預約妳的下輩子、下下輩子……」這是他遊戲人間的一部分，妳想聽，他隨口說，妳要相信而且投入，那是妳的事。

此外，愛跟女人借錢、沒有骨氣的「軟殼族」；口口聲聲大男人主義，不保護女性、不盡大男人的義務，卻只想讓女人服侍享大男人的權利，這是「假性大男人」。兩者也都算是爛男人。

壞男人讓女人傷心，爛男人則讓女人傷心傷情又傷身，妳必須明白，就算他披上極誘人的糖衣，碰到壞男人最好的方法就是——一腳踢開他！

第三面男人照妖鏡——發現好男人

好男人就像好食物一樣，即使知道它營養成分高、有益健康，但是妳就是引不起任何胃口。

他可能不帥不挺拔，是那種放在外面也沒有女人會偷的男人。

他可能木訥老實，教他情人節送花，會送成劍蘭或菊花的那種人。

他不幽默不風趣，沒有憂鬱的眼神和似笑非笑的嘴角，他可能會因爲太投入工作而不能常常陪妳。

他不會在還沒把握給妳美好未來時，隨口編織「愛的空中樓閣」，他的承諾沒有美麗的花邊或流蘇，聽來一點也不夢幻引人，只是說到做到而已。

如果妳問男人，「你會永遠愛我嗎？」

壞男人會說：「愛情這東西我明白，但永遠是什麼？」然後，趕

緊轉移話題。

爛男人會說：「我當然會永遠愛妳，妳是我一生的愛。」然後，轉身臉一洗，就忘了這句話。好男人會說：「我想我應該會吧！」然後，努力用一輩子用行動來證明他的愛。

好男人務實又實際，所以看來呆板又沒情調。

好男人忠於愛情、熱愛家庭，但在事業上也許不會有什麼大成就。

好男人看起來一點也不可口，沒有迷人的魅力，沒有體面的外型，沒有耀眼的身分地位，但是，他忠實眞誠、疼老婆愛小孩、尊重女性、會幫忙做家事、會妳半夜一踢他就起來給小孩泡牛奶……好男人最明顯的是，婚前妳一點也看不出他的好。

老是慨嘆「好男人都是別人的老公」於事無補，你必須「預見未來」，具有聞出好男人潛質的嗅覺。

從一個男人對事情的處理方式，分辨他是老實還是智能不足。

從他平常對妳的關心和對妳的私事感興趣程度，看出他是眞心愛妳或者只是一時的熱情，是關心妳還是想得到妳而已。

從他同事眼中的他、從他對未來的規畫，判斷他是前途看好的上進青年，還是得過且過的懶散傢伙。

從他朋友的口中，解讀他是重承諾有責任，或者逞英雄甩嘴皮。

從他對妳家人的態度，分析他對妳是短線進出，還是想長期投資、共創未來。

從他對他家人的方式，辨識他是可靠有家庭觀的男子，或是不可信賴、不能託付終身的痞子。

即使在垃圾堆中，即使覆蓋了泥垢，妳還是要能分辨出好男人，而且，一發現，馬上——見好就「收」！

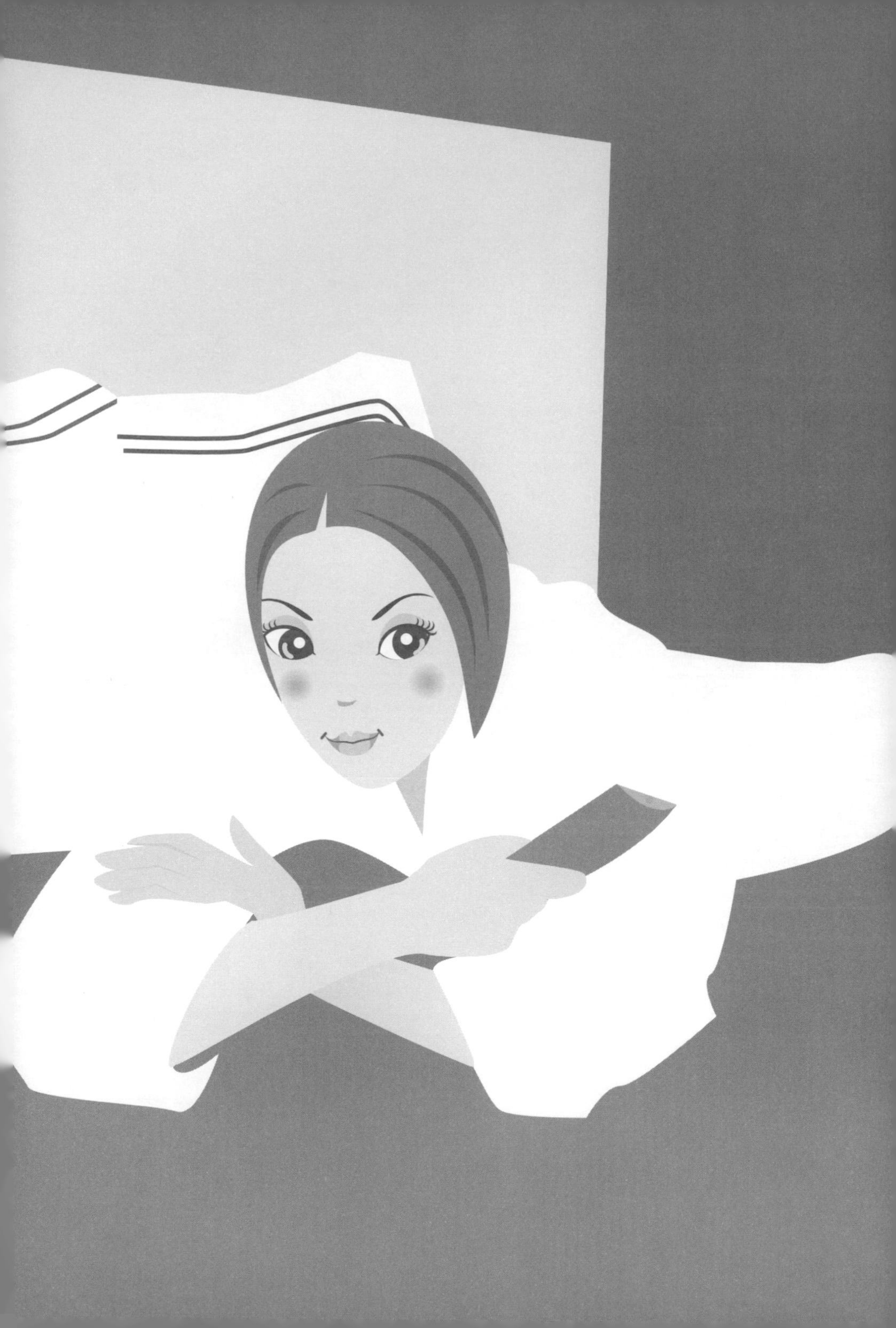

Magic Book Magic Book

擒拿好男人

乖乖魔女愛使壞

「請你不要再打來糾纏，我們已經完完全全過去了。」

王薇掛斷電話，從抽屜抽出面紙輕拭了眼角，在同事好奇的注目下，她吸了吸鼻水，又埋進公文中。

公司堪得「熱心公益獎」的孫姐馬上過來表達關切，「怎麼了？跟男友吵翻了？一起吃午飯慢慢講給孫姐聽。」

王薇搖搖頭，硬擠出一抹比哭還難看的笑容，「謝謝孫姐關心，我沒事。我不出去吃飯了，還有好多事要忙。」

偌大的國外事業部，只剩王薇和甫上任不久的何經理。王薇抬起眼朝何經理點了點頭。

「不去吃飯？」何光仲問。

「不把事情做到一個段落我不安心。」王薇揚了揚早上買的麵包，「我有午餐吃。」

「這樣營養會不夠喔！」何經理的母親是知名烹飪專家，所以每天他都帶著母親的愛心便當。這是王薇早就注意到的事。

「沒關係，我年輕有本錢。」

王薇把文件收整好，拿出麵包，也從桌前書櫃中取出 本拜倫的詩集。最近，除了貿易財經相關的書籍外，王薇的桌上像細胞繁殖似地迅速增生了不少各類詩集和文學名著，中午她也開始留在辦公室吃麵包或便當，前男友騷擾的電話偶爾還是會打來，孫姐仍三不五時過來勸慰王薇，不愧是包打聽，竟連王薇和前男友分手的緣由都探聽得一清二楚。

「再帥再優秀也沒用，那種花心還會跟女人借錢的男人，千萬不能再理他。」孫姐的大嗓門讓幾公尺遠的何經理想不聽見也難。

「我沒有再理他了。」王薇下意識地往何經理那邊瞄了一眼，「可是他也不是很壞，錢已經陸續在還我了……」

「還錢是應該的，妳還替他說話？妳呀，就是太老實厚道，才會人善被人欺。」孫姐興致昂然道：「人事室的程文星好像對妳挺有意思的，他人雖然胖了點矮了些頭髮少了點，可是有房有車，也是挺炙手可熱的，

妳要懂得把握……」

「謝謝孫姐，我覺得現在很好啊！」王薇指著桌上的詩集，注意到何經理正朝她望過來，「有拜倫、泰戈爾，還有歌德，我一點也不孤單呀。」

以前大家都不知道王薇對文學有研究，直到上回何經理唸到一句拜倫的詩，只有王薇對應得上，其他人還以爲「拜倫」是一種黑輪的新產品呢！

「唉，老跟這些死人打交道，能有什麼搞頭？」孫姐誇張地嘆了口氣。

當王薇請調到別的部門時，同事們既不捨又不解。

「國外部待得好好的，幹嘛要去什麼企劃部？」孫姐問。

「換一換跑道，可以學更多東西嘛！」

王薇轉調就職的前一天，公佈欄上赫然貼出她是新任的企劃部主任。開會時，總經理在台上對王薇讚不絕口，「現在要找一個像她這樣拚命努力的年輕人，眞的不容易。幾個禮拜前的一個中午，一通國外客戶的緊急電話，還好她和何經理處理得宜，讓公司免掉幾百萬的虧損，而且她常在中午跑來跟我討論客戶狀況和通路，」總理理喝了一口水，繼續說：「剛好企劃部秦經理提議說，國外部和企劃部之間需要有個橋樑，我認爲，王薇就是最適當的人選！」

王薇站起來謙虛地接受大家的鼓掌，「這都是多年來何經理、孫姐、淑麗、雄哥和大家給我幫忙與指導的功勞。」

從一個小職員空降成另一個部門主管，王薇的快速晉升教眾人都跌破了眼鏡。不過，兩個多月後，當每個人的桌上都躺著王薇的喜帖和喜餅時，「吃驚」已不足以形容所有人的心情。

「王薇的老公跟我們何經理同名同姓呢！」小莉嚷道。

「不對喔，這主婚人的名字就是何經理的媽媽。」孫姐眼尖地發現了疑點。

「等一下，你們看喜帖封面這些話，一個詩人與一個愛詩女子絕美的邂逅……什麼？何光仲經理就是詩人莫桑？」

愈來愈多疑問閃現眾人的腦海，何經理出差日本，他們只好求證於王薇。王薇正巧與客戶外出用餐，助理小娟儼然成了這椿離奇婚事的發言人。

「你們都不知道啊？中午她和何經理常在會議室邊討論公事邊吃飯，是何經理媽媽做的雙人份便當喔！」

小娟以權威人士的口吻說，「聽說王薇姐的表哥與何經理是美國時的同學，有一次，王薇姐和她表哥出席詩人聚會，剛好碰見何經理，兩人才開始私下交往起來。」

「對耶，王薇桌上老擺一堆詩呀、文學呀什麼的，」孫姐問小娟，「那她以前那男朋友呢？何經理知道嗎？」

「那男人還錢給王薇姐時，口口聲聲希望復合，王薇姐受不了甩了他耳光，事後她還問我這樣會不會太狠了？王薇姐人就是太善良、太老實了，哼！要是我早砍了那混帳幾刀了。」小娟狠狠地比劃了幾下，「何經理也知道王薇姐跟那男人一點瓜葛都沒有了，他不但幫王薇姐擋住那男的糾纏，還對王薇姐更疼愛有加呢！」

「他們兩個到也真速配，一個愛寫詩，一個愛看詩。」雄哥道。

「啊，」淑麗突然想到了什麼，「還好她調了部門，不然公司規定夫妻是不能同部門呢！」

「是呀！這叫好人有好報。」孫姐說，「眞是個厚道的女孩，以前那男人不還錢，她還替他說話呢！」

「哎，眞是個好女孩呢！」雄哥、淑麗異口同聲道。

王薇正巧進來，看到這些昔日戰友正拿著喜帖議論紛紛。

好在她有一個消息靈通的記者表哥，居然打聽到何光仲會出席那次的詩人盛會，還連何光仲最愛的幾個國外詩人都調查得清清楚楚。當然，除了刻意參加那場聚會外，王薇也著實下了一番苦工勤讀詩集，甚至在兩人論及婚嫁時，她更數度帶著厚禮私下拜訪企劃部經理，好讓她能順利轉調不同的部門，也讓兩人的工作不致影響耽誤了婚事。更重要的是，沒有人知道她總藉口工作未完而留在辦公室吃午餐，是爲了接近何光仲，而且她總是不會忘記讓總經理看見她連午休都在工作。

要逮住一個好對象，除了眼明手快之外，還必須有過人的智慧和權謀呢！

王薇走向衆人。

「不好意思，大家一定要來喝喜酒喔！」王薇露出她一貫甜美又有些稚氣的招牌笑容，對大家說。

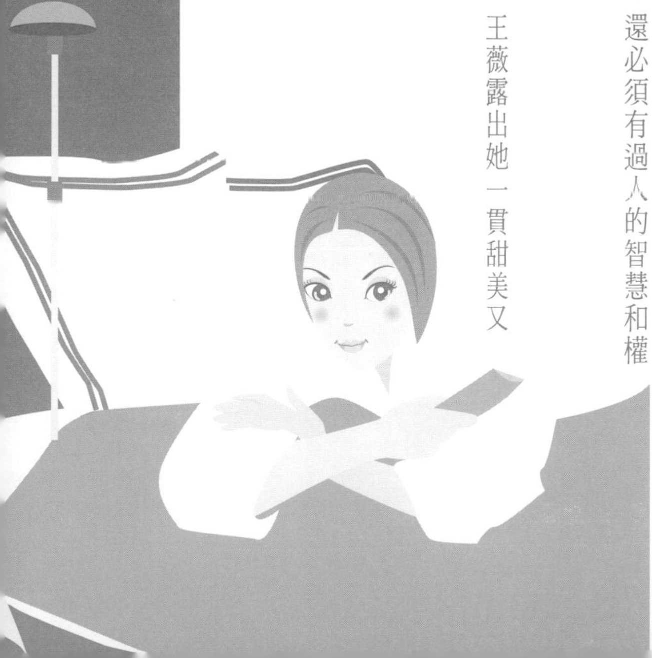

戴好女人面具的聰明魔女

好女人，人人愛。

她溫柔善良，吃苦當吃補，所以大家習慣把「苦」都讓她吃；她相信「吃虧就是佔便宜」，別人就把「虧」當便宜全送給她。她耐打耐罵、逆來順受，讓別人想不欺負她都覺得可惜。大家都愛她，每個人都豎起大拇指稱讚她。可是，她活得既沒尊嚴又不快樂。

聰明魔女，讓人又愛又敬。

表面上妳也是溫柔善良，妳有天使般的笑顏，那是爲了讓別人看不見妳的慾望；妳有無邪的眼神，大家都當妳是憨憨小笨妞；妳看起來無辜單純又沒有殺傷力，所有人都把妳歸類在無害的「可愛小動物區」。其實，妳心裡十分清楚自己要什麼，而且誰也不能阻撓妳。

在KTV裡，妳也許只坐在角落裡幫忙點歌，但是，妳記得每個人的招牌歌，而且記得誰在失戀時特愛唱哪首歌「藉歌澆愁。」

妳看來毫無野心、不爭出頭，但是妳跟老闆的秘書往來甚密，而且「碰巧」和老闆參加同一家健身俱樂部，「碰巧」相遇，然後適時展現妳的見解與膽識。

妳很少與人爭吵，也總能息事寧人，但是，一旦有人欺負栽贓到妳頭上，妳會不聲不響痛擊對方，事後，眨著天真的雙眼說：「啊，我眞幸運，這次禍我居然都沒事耶！」

妳表面上跟好女人一樣，遇見心動的對象時，矜持含蓄而且害羞靦腆，可是，妳會那麼剛好老和對方不期而遇，那麼剛好都是史恩康納萊的Fans，又那麼剛好愛喝同一種咖啡，那麼剛好……

每個人都愛妳，但沒人敢欺負妳，妳活得瀟灑自在又快樂得不得了。

好女人，通常落入壞男人的手上。

好事和好男人，卻總是落在聰明魔女的身上，因爲聰明魔女不僅看得出潛力好男人，而且，一旦發現目標，就努力把握，寧可捉錯，絕不放過。

魔女經營人生的八字箴言：勇於使壞、成功自在！

好男擒拿術第二招——佈下好磁場

掃蕩了不淨的磁場，妳還必須讓自己四周充滿好的磁場，讓妳看起來「像」個婉約乖巧的好女人。

溫柔，是妳的保護色。就算齜牙裂嘴廝殺搏鬥，也要帶著溫柔的笑臉；愈凶悍潑婦，妳愈要輕聲細語。女人的溫柔，是男人的死穴，不管大男人、小男人，都會以為溫柔等於好女人，好女人等於好伴侶。

天眞，是妳的金鐘罩。就算精明幹練、聰明絕頂，也要懂得「扮豬吃老虎」；就算把別人打得落花流水，也永遠要保持優雅無辜。妳看起來無辜又被動，但妳的書櫃上多的是如何降服男人、如何在職場上快速成功這類的書；男人只要敢騙妳、害妳、吃定妳，妳會很天眞無邪地：「我好笨，你要多教我喔！」然後，設法反擊他、騙回來、咬回去。

聰明女人讓男人既敬卻怕，傻女孩則惹男人又憐又愛，魔女知道該怎麼裝傻扮笨做小呆妹，讓自己臉上寫著，「我很好騙，快來騙我吧！」然而，男人的每個壞心眼、每項步驟計謀，全逃不出魔女的法眼。

蜘蛛網纏上獵物前，根本是一幅迷人的幾何圖。

蒼蠅紙在飛蟲上門前，不過是一張無害的紙。

捕蠅草在捕捉蚊蠅前，看來只是一株沒有攻擊力的嬌弱花兒。

魔女在擒拿好對象前，只像一個純得有夠蠢的平凡女人。

絕大多數的男人仍停頓在蠻荒時期，他們還是期待找個賢妻良母、或以男人爲天又能躲在背後協助男人的女性，他們依然不肯接受有攻擊力的自主女性、或與男人一較高下的女強人。

妳不必是好女人，但不要讓男人知道。

妳可以堅強自主又勇敢，但也要裝得柔弱溫柔又天眞。

妳只要看來無害沒有攻擊力、迷人又安全。好磁場吸引好男人，這種磁場自然會誘引獵物自投羅網，降服敵人於無形。

好男擒拿術第三招——深入虎穴、擒得虎子

好男人多半不會出現在Pub、舞廳或牛郎店裡，這些地方大多是只會找到愛玩怪怪男或一代好色男。

好男人不好找，妳沒辦法提著燈籠在街上碰運氣，只能往這些地方發現他們的足跡——辦公室或商業聚會裡，有正業的男人起碼不會太糟；在超市，會買菜的男人應該會體貼；圖書館或書店，愛看書的男人不會變壞；在運動場，喜歡運動的男人至少身體不會太差；公益活動場合，有愛心的男人肯定不會太無情。

到對的地方，找對的人！

好場合，才有好男人聚集。

不過，好男人多半少了「戀愛」這根筋，他們不知道怎麼示愛，怎麼對女人「下手」。所以，倘若妳找到了好男人，卻還在堅持「男追女」，也許一個遲疑，好男人就成了別個聰明壞女人的囊中物了。

好男人是追來的！

笨女人會大刺刺跑去示愛，然後把對方嚇跑，魔女會不動聲色潛伏在他身邊，伺機而動！設法製造和他相遇的機會。他加班，妳也剛好留下來處理公事；他是網球社社員，妳正好也是；跟他同搭一班電梯、同拿一顆白菜、同取一本書、同時練網球，接著給他一抹甜美的笑：「嗨，眞巧啊！」

你們的不期而遇和不謀而合，一定會引起他的注意，然後，常見成好友，志趣又相投，情愫就自然有。

好男擒拿術第四招——巧妙出擊，適時收網

主動，才有選擇權；被動，只能被選擇。

拋掉該死的「睡美人情結」！別傻傻地等白馬王子來，睡美人可是足足等了一百年呢，而最可怕的是，萬一來的是黑馬或斑馬王子呢？

魔女不會被動地坐等男人、等男人來決定妳的命運！

「我要我的好男人！」

魔女只會說「我要」，而不會笨笨地等著「被要」。

要擄獲好男人，妳要善用「迷糊」、「示弱」、「溫柔」三大魔女利器。

和對方還在陌生觀望階段，妳可以故意忘了帶錢包，「我這迷糊蛋又忘了帶錢！」妳的聲音要大到剛好讓隔壁桌的他聽到，「眞糟糕，我打電話叫朋友來。」對方如果還有一點紳士風度，必會挺身慷慨解囊。「我先幫妳付好了。」這下，借錢還錢自然可以從陌生而熟悉。

別覺得尷尬，男人就是喜歡有點小迷糊的女人，因爲這會讓他們笨到覺得自己很聰明。

等待機會，不如創造機會。妳也可以在滂沱大雨中，很自然地奔進他的傘下，很自然地搭一程他的「便傘」，很自然的相識，自然地發展下去。成了朋友之後，好男人大半還是遲鈍、不懂如何「更進一步」。那麼，試試以退爲進——無助示弱吧！

向他傾吐委屈，譬如說：工作被刁難啦、被同學同事欺負啦、想起過去的滄桑戀史啦……忍不住借酒澆愁。記住，一定要有「酒」，因爲這會讓妳接下來的失態變得情有可原。

妳要裝出醉樣，但千萬別喝醉！接著，設法擠幾滴淚，讓自己梨花帶雨，這時，他會心疼地攬妳入懷。萬一，這呆頭鵝還不動手，妳就一時悲從中來撲進他的胸膛……

分享悲傷，容易使人產生「患難」情誼，如此「悲情傾吐法」，會教你們馬上從朋友晉升到情人。變成情人後，魔女會善用女人的殺手——溫柔。溫柔鄉，英雄塚，就算他不是英雄，也拒絕不了女人的溫柔。天冷了，留言要他加件衣服；他加班熬夜，送份宵夜過去；不願拆穿他自

以爲是的聰明；不去戳破他可笑的牛皮；在他出糗難堪時，妳泰然自若見怪不怪；就算他被全世界遺棄，妳也願意近乎愚昧地支持肯定他。

妳可以潑辣倔強，但要加些柔軟體貼。

妳是幽默高手，不過也很會捧場地傾聽他那些老掉牙的冷笑話。

妳向他倒情緒垃圾，可是，更能安慰消化他的痛苦沮喪。

妳表面上依附他，卻用溫柔撒下漫天大網，讓他習慣在精神上依賴妳，喜歡跟妳在一起。

魔女不會等男人來追，因爲壞男人亂追，爛男人敢追，好男人只會被追。魔女掌握自己的命運，知道自己下一步要走向哪裡，矜持是一種美感，魔女會把矜持披在肩上，讓計謀運用在腦裡，走向前擒住好男人，而且讓表面上看起來自己才是獵物。

「我要，所以我得到！」是魔女的座右銘。

敢要妳要的，如果妳不敢要，別人就會把他搶走。

手段不重要，幸福才最可靠，只要妳得到了幸福，就算過程不輝煌光彩，妳——就是對的！

Mineral
Water

Magic Book Magic Book

愛就這樣開始了

愛就這樣開始了 7

電視上的畫面不停躍動閃爍，晴晴一手按著遙控器，一手抱著爆米花，歪七扭八地癱在沙發上。

「什麼爛節目嘛？」晴晴低咒道。

週末夜，只有電視爆米花的夜，太無趣。

爲什麼還不打來呢？被晴晴瞪了不下幾百遍的時鐘，似乎只會像老牛拖車般緩慢爬行，有幾次晴晴忍不住懷疑這個老爺鐘是不是罷工不動了？時間，慢得彷彿靜止了似的。

電話鈴響，晴晴以跑百米的速度撲上去，「喂？」

「喂？小玉啊？」陌生男子的聲音。

晴晴瞬時像洩了氣的皮球，忍住氣有禮地告訴對方，她不是小玉。

「那妳叫小玉聽電話。」男人粗聲命令她。

「這裡沒有小玉這個人。」

「那妳是誰啊？」男人粗魯無禮。

「你打錯電話了。」折騰半天，連古聖先賢都沒有再說下去了，男人喀嚓一聲連對不起都沒說就掛斷。晴晴無力地將自己拋回沙發，不到一分鐘，電話又響了，晴晴柔聲地：「喂？」

「怎麼又是妳，眞是的！」喀嚓！

喂，這句話應該是我說的吧！晴晴怒氣咻咻地對著被掛掉的電話咆哮。

什麼爛週末，一個人獨守空閨已經夠慘了，還要接這種整人電話！才爬回沙發，電話再度響起，晴晴的火氣此時就像沸騰的熱水呼嚕呼嚕直冒。

「喂？你有完沒完，這裡沒有小玉、大玉、愛玉……」

「……」對方一陣遲疑，「請問朱晴晴在嗎？」

天哪，是他，是他！

等了整晚才等到介濱的電話，結果竟然……晴晴靈機一動，立即掛上話筒。

鈴——鈴——鈴響數聲，晴晴才假裝氣喘吁吁地接起電話，「呼呼，對不起，我剛洗好澡衝出來……什麼？你剛才

打錯電話被一個神經病女人臭罵一頓？唉，這年頭瘋子還眞多呢。」

「妳有空嗎？」介濱問。

「有，有空啊，我週末都在家看書。」一副乖女孩模樣。

「想不想去看電影？」

「嗯——」故意遲疑是爲了掩飾心中狂喜，「好啊，幾點？」

又是寂寞無聊難熬的週末夜！

原本小莉邀晴晴一道去翡翠灣度假，晴晴藉口有事推掉，不敢告訴死黨她要回家等介濱的電話。上週末，在電影院裡，趁黑趁銀幕上激情場面的催化，介濱吻了她，回程途中，他深情款款地約定：「過兩天我再打電話給妳。」

這「過兩天」，一過就是一個禮拜！弄得每次電話響，晴晴心口就是一陣小鹿亂撞，聽到不是他的聲音，又是一股莫名的失落惆悵。

期待或失望，冷與熱，心情像洗著三溫暖。

今晚，已經快十點了，甚至連通打錯的電話都沒有，晴晴實在忍不住拎起話筒聽聽，「嘟——」電話沒壞啊！走回沙發，看了幾分鐘電視，晴晴又拿起電話，反正閒著無聊找朋友哈拉嗑牙也好。才撥了四碼，「不行，萬一佔線，介濱打不進來怎麼辦？」雖然可以打晴晴的大哥大，不過要是介濱打了家裡電話佔線就不打了……糾結混亂的各種假設，讓晴晴掛上話筒，她不想冒任何接不到介濱電話的險。

電視正播著電影「上班女郎」，晴晴雙眼瞅著螢幕，畫面卻沒有進到視網膜。冷掉的爆米花，冷掉的心，冷掉的週末夜，快十二點了，他怎麼還沒打來？

他打來了！

「忙嗎？」介濱若無其事地問。

「不，不忙，手邊的事剛好告一段落。」週二快下班前，一通不預期的他的電話，頓時教晴晴飛上雲端，「我六點下班。吃飯？可以呀……不，我沒約人……吃什麼？你決定就好了，我都可以。」

掛上電話，晴晴覺得有一群天使在她

耳畔歡唱，讓她也不禁想高聲放歌，世界多麼美好：：不不不，完了，她居然把中午才跟小莉等幾位好友相約晚上去KTV的事全忘得一乾二淨！

打給小莉，坦白從寬，「對不起，介濱請我吃飯。」

「哼，重色輕友，算了，祝妳幸福！」小莉半氣半鬧道：「下次罰妳請大夥兒看電影。」

向來有「小氣天后」之稱的晴晴一口答應了，「好，沒問題。」只要能跟介濱約會，什麼條件都行。

顧不得距下班還有一個小時，晴晴溜進洗手間，打開化妝包，開始了「變臉大改造」。雨滴，敲在洗手間的玻璃窗上，聽來竟如此浪漫悅耳，連剛才擦身而過的死對頭徐秘書，都變得可愛多了。

啊！美麗的夜晚快快來吧！

啓動愛情，就在妳指間

愛，在曖昧不明間，最美。

猜忖著對方的心意，猶豫著該不該行動，揣測對方是不是也像妳在乎他一樣在乎妳，這種渾沌未清的關係最刺激迷人。

因爲充滿期待與未知。這種患得患失的心情也最痛苦磨人，因爲擔心一廂情願，害怕多情總被無情惱。

這種心情的起落煎熬，是愛情中的必經過程，但是，魔女會試著把快樂送給自己，把不安留給對方，讓自己似有若無，教對方患得患失。

愛，不是用等的，等愛只會等成悲哀。爭取妳要的愛的方式，抓住妳要的愛，不教心情搖擺。

如果一定要有人來掌握、主導愛情的進度快慢強弱，爲什麼非得是男人不可？

現在，就讓妳來撳下愛情開關的按鈕吧！

啓動愛情第一鍵——先聲奪人

等男人來要妳的電話，然後回家苦守寒窯十八年，守著電話守著他……這種傳統好女人開展愛情的「守株待兔法」，一點也不符合投資效益。

魔女約會守則第一章開宗明義寫著：不要等男人來要電話，主動給他電話是給他一個後續聯絡的機會。

「這是我的名片，嗯，等一下……」拿筆加上家裡或行動電話，這動作暗示妳「特別」看重對方，才願意給他私人電話。

接下來，魔女不會巴望男人「我再打給妳」這句信口開河的約定，然後，在電話旁任青春等成白髮、期待守成幽怨。

妳可以主動要對方電話，先發制人開口說：「我再打電話給你。」

讓他回家等候通知，不要讓妳來等，好女人也許善於等待，但魔女絕對服膺「寧可人等我，不可我等人」的愛情攻防原則。被等的人，永遠佔上風！

妳當然不必馬上打給他，等一等！延宕會產生期待，等對方耐心耗盡了，妳再來一場沙漠及時雨：「哈囉，記得我嗎？對不起，這幾天超忙，現在才打給你……」

如果矜持含蓄換來的是痛苦的等待，魔女寧可被人笑大膽主動厚臉皮，也要大聲而神氣地對男人說：

「我再打給你！」

啓動愛情第二鍵——約會「預約制」

對方打電話來想要「人約黃昏後」，好女人守則會告訴妳——第一，鈴響必得超過三聲，免得被識破妳在痴痴等待。第二，拒絕三次再答應男人的約會，才不會讓對方以爲妳很隨便。第三，週末夜不隨便接家裡的電話，就算接了，也要說妳正要出門，不要教對方認爲妳是週末夜獨守空閨的「冷門貨」。

其實，現代男人多半缺乏耐心和挑戰心，沒幾個可以通過好女人的「三三三定律」，結果往往是，妳的愛情還來不及開始，就得宣告結束了。

魔女不必用刁難或僞裝不在乎來抬高身價，這些愚蠢的虛張聲勢，只會更洩露出自己「十分在乎」的底而已。

鈴響就接起來，管他響幾聲。

想接受就接受，欲拒還迎只會顯得很矯情。

主動邀請對方也可以，因爲妳剛好多一張戲票，剛好想打牙祭，剛好……週末夜一個人在家並不丟臉，倘使對方因而認定妳寂寞難耐，也無所謂。

魔女不喜歡遵循「約會守則」，但絕對堅持「愛的尊嚴」。男人臨時起意「隨興式」的邀約，如果干擾了妳的生活或原定計畫，毫不猶豫一口回絕他！萬一，他因此懷憂喪志、一蹶不起、不再邀下一次，千萬不必扼腕遺憾，因爲這證明他膽識不夠，或者他沒那麼喜歡妳。

「對不起，太晚了，我更衣要休息，不想出去了。」

「很抱歉，今晚我跟同事有約了。」

是的，他並不比休息、不比同事、不比餵妳家的狗重要——如果他沒有事先預約的習慣的話。

他可以興之所至，妳卻不必隨之起舞。

要約會？請他先預約，否則，妳寧可閒賦在家看ＴＶ，也不要填補男人的無聊空檔。

要是妳很在乎對方，可以將「預約制」酌情放水。「今天不行，我和姐妹淘約好看電影，」先來後到，他別想插隊，「不過，明、後天晚上，我比較有空。」

再放水些，「現在不行，晚一點再說吧，我再打給你。」

男人是很奇怪的動物，妳愈可有可無，他愈在乎得失；妳愈是委屈配合，他就愈習慣予取於求，妳愈是有邀就去，他愈只會用空檔約妳。妳可以拒絕他的臨時起意，讓他學著珍惜和妳的約會，而且——看重它！

妳不是7-11全年無休外加二十四小時開放，妳值得被善待，也被期待。

啓動愛情第三鍵——飲食男女從「點菜」開始

即使再不食人間煙火，所有的愛情和婚姻都是從吃飯開始。一個很少陪妳吃飯的男人，絕對沒有陪妳共度一生的打算。

傳統好女人總是「客隨主便」，去哪吃、吃什麼，一律「隨便！」由男人做決定。點菜讓男人點，點到妳不喜歡或不敢吃的食物，也只好照吃不誤；就算自己點也是從右看到左、先看價格再看菜名，勤儉又高配合度，是好女人的作客飲食觀。

魔女隨和卻絕不隨便，配合卻不委屈自己。男人可以決定用餐地點，但妳也可以提議或否決，「對不起，我不太喜歡吃日本料理耶。」

女人的自主從點菜開始，妳必須學著做餐桌上的主人，而不是僕從。拿起菜單，選妳愛吃的，點妳夠吃也吃得完的份量。

妳不必在餐桌上故意展現賢妻良母的儉樸，如果妳只吃蛋炒飯，男人會樂得省錢，然後請別人吃上等牛排或魚翅。

妳不必裝高貴或敲凱子，過度奢侈提高不了妳的身價，只是暴露妳未見過世面的膚淺。

大飯店有大飯店的氣派和美食，路邊攤有路邊攤的自在與美味，魔女熟悉豪華餐廳的用餐禮儀，更不介意蹲在小攤旁吃蚵仔煎，但是，如果經濟許可的情況下，男人每次都只肯請妳吃小館或小攤，這有兩種可能：

第一，他十分勤儉，甚至接近小氣吝嗇，如果妳不介意，那麼祝你們琴瑟和鳴、沆瀣一「氣」。

第二，他捨不得下本錢，這又有兩種可能——他認爲妳不值得，「何必用大餌釣小魚呢？」或者，他並不想跟妳有長久的發展，「遊戲一場，玩玩而已，幹嘛花那麼多錢？」不管何者，妳都不需要讓自己如此廉價！

你們總要從吃第一頓飯慢慢探索兩人是否可以一起吃一輩子的飯，那麼，從第一頓飯起就學會展現妳的主見與自主權，也讓他學著尊重妳——就從小小的點菜開始。

你們的口味可以南轅北轍，他也許是吃生魚片高手，妳卻吃不得任何生食；他可能滴辣不沾，而妳是無辣不歡……口味不同不代表志趣不相投，相左的看法不一定無法相容。既然要共「吃」一生，你們就必須互相眞實且深入地了解彼此的口味。

好女人說：「愛是，跟他吃一樣的食物。」

魔女說：「愛是，雖然我們口味不同，卻還能彼此相愛。」

啓動愛情第四鍵——可以相處，也可以獨處

愛情不是寂寞的解藥。

愛解決不了寂寞，如果妳學不會獨處。

許多人因寂寞而愛，結果卻因愛更寂寞，因爲不管兩人多麼相愛，都不可能分秒相聚、形影不離，總得有自己的時間和個人的空間，總會有分開與思念的時候，有時相處，偶爾必須獨處。

受不了寂寞，就迎接不了眞情的快樂。

學不會獨處，就享受不起相處的幸福。

一個人時，與其害怕孤單，不如學會享受孤獨吧！

平常妳總嚷著沒時間做的事，現在正是完成的時機。那本妳唸了一半的書、一直想去看的那部電影、早該重新整理的衣櫃、買回來許久始終沒機會聽的那張CD，現在，就利用一個人的時候好好去讀、去看、去做、去聽……

有時候，有人陪伴很好，有時候，有些事，一個人更自在。

妳也可以什麼都不想做，學隻懶豬，窩在沙發，享受一個空白悠閒的假日

不要去填補對方的空檔，也不要利用對方來補滿空白。

寂寞，是一種心情，而不是一種情境。一個人也許孤獨，寂寞倒是未必。魔女不會一個人顧影自憐、自怨自艾，因爲妳還有很多新鮮玩意兒要學、很多朋友可以約、很多覺要補睡，哪來閒功夫「寂寞」啊？

假日佳節最惹感傷，不妨先安排好一拖拉古的節目，約好死黨、姊妹淘、同事、同學或鄰居共度假期。這年頭盛產寂寞芳心，跟妳一樣無聊的人肯定不在少數。如果妳不重色輕友、重男輕女的話，與朋友吃飯、聊天，並不比跟情人快樂少！

誰說：「女人若沒人愛，多可悲？」

魔女說：「女人，自己愛自己，多可愛！」

喜歡兩人的相處，也愛一個人獨處，

不管日子怎麼過，都能與快樂共舞！

相愛容易相處不難

我該怎樣來愛你

Magic Book Magic Book Magic Book

小琪坐在伯爵餐廳正對面的速食店，雙眼炯炯地盯著餐廳裡的男人。男人喝著水，百無聊賴地左翻右撥著菜單，侍者走來似在詢問他是否要點菜，男人搖頭、看著錶，又抬眼往門口張望。

還不到二十分鐘！小琪其實比男人早到，全程目睹了男人等候的過程，男人有些焦躁，但始終沒有打電話催人，他的大哥大一直安靜地躺在餐桌上。

半小時了！小琪起身朝伯爵餐廳走去，進了大門，走向男人。

「阿哲，對不起喔，人家又遲到了。」

「沒關係，還好。」阿哲忙不迭地起身爲小琪拉開椅子。

小琪滿意地落了坐。「好女人手册」那本書果然說得沒錯——遲到半小時是禮貌的，遲到，才能考驗對方的耐性、顯出妳的矜貴。像剛才她一踏進餐廳，阿哲乍見她的神情，就像快渴死了的沙漠旅人發現綠洲一樣振奮狂喜。

小琪翻閱著菜單，阿哲點了牛排全餐，也提議小琪：「這家牛排很有名喔！」

哇，乖乖，一客牛排可要近千元呢！不行，書上說：「好女人不點太昂貴的食物，免得男人以爲妳在敲竹槓或生性奢華。」小琪嚥下口水，翻到菜單最末頁：

「我不太餓，別浪費了，給我青椒牛肉炒飯就行了，飯少一點。」

「妳好像很喜歡吃炒飯，上次在西華飯店妳也是點炒飯。」

小琪將菜單交還侍者，沒有忽略了阿哲讚賞的眼光。

點最便宜的食物，男人會認爲妳應該是個不貪享受又勤儉持家的賢妻良母——書上這麼說的。

勉強算是「愉快」地進完餐，雖然席間小琪得一直抗拒牛排的香味，還得不停客氣地謝絕阿哲邀她「品嚐一口」，更難的是，她要把難吃的像橡皮筋的青椒牛肉吃得津津有味。飯後，阿哲提議看午夜場電影，小琪當然沒忘記書上的殷殷交待——頭幾次約會最好別超過晚上十點，以免對方以爲妳很隨便。

看不成電影，兩人到公園散步，月明星稀，空氣中瀰漫著大雨過後清幽的草香，驀地，阿哲朝小琪手臂

抓來 不行，書上三申五令說：「好女人不能在交往的第一個月與男人有任何肌膚碰觸。」小琪迅速閃身，一個重心不穩，整個人「碰！」摔坐到草叢裡。

阿哲著實嚇了一跳，隨即拉起困窘得滿臉通紅的小琪。

「地上有狗屎，我怕妳踩到，想拉開妳，沒想到妳反應這麼大　」

這一摔弄得小琪一身污泥，兩人浪漫的月下漫步只得打住，阿哲照例送小琪到家，小琪照例只讓阿哲送到樓下大門。

「呃，對不起，我…我想…」阿哲欲言又止，「我想借妳家廁所用一下，我　有點尿急。」

「好女人守則」果然是一本完善的手冊，連這套男人的技倆也未卜先知了呢！小琪照書上教的說……

「不太方便耶，不過，巷子口右轉再走到盡頭，就有一家『吉野家』，那兒有男廁。」

五個月匆匆流逝，小琪可都照書上教的去做，但是，爲什麼情況並不像書上說的：「男人會因此對妳又敬又愛、至死不渝」呢？爲什麼阿哲變了那麼多呢？

他請小琪吃飯的地方，從五星級飯店、豪華餐廳急降到路邊小攤，「妳喜歡吃炒飯，這裡的炒飯又便宜又好吃。」阿哲說。

聖誕節他們是在麥當勞解決的，「幹嘛讓商人坑這一票？」阿哲邊吃漢堡邊說，一點也沒注意到小琪一臉的失望。

沒有聖誕禮物，連鮮花也不見了……之前，小琪幾次收到阿哲的鮮花都會說：「這樣太浪費，把這錢省下存起來，多好！」阿哲是不是會像書中說的因此認定小琪「勤儉不虛榮」還不知道，不過，阿哲倒是真的「從善如流」不再送花了，而且，小琪不想他破費送名牌項鍊，沒想到現在阿哲連小琪看上的廉價絲巾也懶得送。小琪還是會在相約的地點附近先躲起來「偵測考察」一番，只是，阿哲愈來愈沒耐心，來的時間也愈來愈晚，有時甚至比遲到半小時的小琪來得更晚。

他們之間早已突破最後的防線，雖然小琪一直希望能照書上說的，「不到最後關頭、不到結婚當夜，絕不輕易獻身。」

但是，阿哲說：「我愛妳，我希望我們能真的

身心交融、合爲一體！」看阿哲忍得那麼難受，好女人的善解人意因子在小琪體內隱隱騷動，再加上那天又是阿哲農曆生日，因此，小琪就在交往三個多月的那晚，把自己當成生日禮物送給了阿哲。

事後，小琪才發現那天根本不是阿哲生日，但是，阿哲深情款款地解釋著，「我是因爲太愛妳，才會欺騙妳啊！」

好在阿哲倒沒有像書上預言的：男人一到手，興趣就沒有！只是每回「嘿咻」時，他都不肯戴保險套。

「戴這個，隔靴搔癢，我會沒感覺。」

男人不該讓女人流淚，女人不該讓男人乏味，小琪只好冒著懷孕的險，任阿哲赤身「裸」體、長驅直入了。

果然，夜路走多了總會碰到鬼，驗孕棒清楚地顯示小琪「中獎」了。怎麼辦？好女人守則只做售前服務，並沒有教到這一點，小琪只得硬著頭皮打給阿哲，「……你會對我負責嗎？」

那端一陣靜默，阿哲開口了，「我在忙，晚一點跟妳聯絡。」

這「晚一點」，一等就是四個鐘頭，小琪決定到阿哲住處等，順便幫阿哲打掃洗衣，每次只要小琪超過五天沒去幫阿哲清理，那裡就會恢復「狗窩」的亂象。行經阿哲家附近的五星級飯店，小琪停下腳步盯著櫥窗上自己無措的映

影，猛地，她看到了阿哲！他正摟著一個女人走出餐廳，朝房間部櫃檯走去。阿哲說爲了存「結婚基金」，所以他們都是在彼此的住處內完事，連開房間的錢都省了。

阿哲拿著鑰匙和那女人朝飯店電梯走去，阿哲還趁機偷親了女人一口。

怎麼辦？好女人應該溫馴柔雅，不能大吵大鬧，好女人要識大體，不可潑婦罵街，可是……

站在飯店外，淚開始不聽使喚地在小琪的臉龐上竄流。

不「乖乖」，換來「好自在」！

媽媽說：「做好女人，才有男人愛。」

事實上，做好女人，只會被淘汰。

妳善解人意，人家當妳不在意；妳吞聲忍氣，男人當妳沒脾氣，一再「軟土深掘」、得寸進尺，最後，弄得妳失去自己。

妳委屈求全，男人當妳聖賢，不斷犯錯出軌，反正妳都會包容愛憐，然後，有一天，會有另一個女人出來請妳退出成全。

好女人律己過嚴，常常顯得僵硬乏味。

好女人希望贏得男人的敬重，卻讓男人覺得無趣沉重。

妳辛苦替他打掃，他當賺到一個免費菲傭。

妳省吃儉用，他樂得省錢。

妳潔身自愛，男人以爲妳沒人愛。

妳無私付出，他自私掠奪，還吃乾抹淨兼外帶。

妳給了一切，男人卻認爲得到一項玩具而已。

這是好女人的悲哀。

魅力魔女永遠堅持的相處法則是——

如果別人不善待妳，妳也不必給他好臉色。

如果他亂發脾氣，妳可以轉身離去，不必乖乖受氣。

如果他不付出，妳就不讓他獲得。

如果爲愛犧牲才叫偉大，妳情願不當愛的偉人。

妳對性的態度很有彈性，但絕不讓男人任性亂性。

他願意爲妳花錢，妳就心存感謝，好好享受。

他小氣吝嗇，妳不必裝闊付錢，更不必裝得一點也不在意。

妳可以像瘋子一樣去愛，但不要像傻子一樣去愛。

男人需要被了解被關懷，女人需要被呵護被寵愛，魅力魔女不會裝做什麼都不要，妳永遠敢大聲說出妳的想法：「愛我，不然，就滾開！」

相處好自在第一關——守時才有好心情

好女人守則告訴妳，「約會遲到是女人的專利。」

魔女相信，遲到並不能強調出女人的矜貴，男女平權就從約會守時做起。

沒有誰該等誰，遲到就該道歉反省，萬一對方遲到了，妳也不必體貼地說：「沒關係，我也才剛到。」

不須假裝自己沒有早到，怕對方識破妳的期待與在意，妳大可半開玩笑地說：「先生，你已經耽誤了一個女人二十幾分鐘的青春了，難道你不知道女人的青春是無價的嗎？」

等他，是妳的風度；讓人等，是他該檢討。

倘使遲得太過火，妳大可「逾時不候」轉身走人，除非他的理由合情合理又合法，否則別慈悲地原諒他。

再迷人優秀的男人不懂得尊重與妳的約會，妳就不用對他客氣。

相處好自再第二關——財來財去眞公平

約會很浪漫，付帳卻是一門現實的藝術。

妳可以很大女人的堅持女性付帳，只要妳喜歡而且覺得這樣讓妳心理上「不虧欠、沒負擔」。現在的男人大多不像以前「男人不該讓女人付帳」抵死堅持男人付帳，反而樂得有人聊天又有人花錢。

至於，各付各的，倒也不必，這讓彼此顯得生疏——除非妳希望下次別再見到這傢伙。

他要付帳，不妨就讓他付，妳再有禮貌地說聲：「謝謝，讓你破費了。」或者，再回請對方下一攤扯平。

魔女不會認爲男人付帳是天經地義，因爲妳可不只值這點錢。

魔女也不會猛敲男人的竹槓，天下沒有白吃的午餐、

方看出妳乍見價目表時抽搐的嘴角。

讓他的浪漫事蹟不只妳一個人看到。「哇，這花好美喔，我要帶去公司讓大家分享我的幸福。」

讚美比爲他設想強，接受比擔心他的財力重要。「這皮包大家都說好有品味喔！」

如果妳不習慣被男人寵，妳就會失去寵愛。

如果妳總是虧待刻薄自己，妳就得不到男人的善待。

如果妳老是不要，他會以爲妳不需要。

如果妳只要一顆糖，他不會給妳一座糖果屋。

他甘願給，妳就歡喜受。

習慣自己被善待。

男人是很現實的動物，不夠喜歡妳，他會捨不得花錢，倘使他花愈多錢在妳身上，他會愈捨不得離開妳——因爲他怕血本無歸！

相處好自在第四關——不矜持不放蕩，自己負責

好女人守則說：「約會不超過午夜，不讓男人輕易逾越。」魔女不是豪放女，不會輕易把性當交換條件，來換取一紙婚約或一個承諾，但也不像清教徒般謹守教規，教自己變得僵硬緊繃。

追求身體的愉悅，無罪！但必須是妳承擔得起的。

妳不是灰姑娘，不用擔心午夜鐘響、法力不再，而男人就成了狼人。即使約會到午夜，也不教男人有欺負或非分的機會，妳不作賤自己，但感覺對了，拉手親吻沒什麼不可以。

妳掌握狀況，也掌握自己的身體和情慾，不做不想做的事，也不用教條把自己綑得動彈不得。

與其訂下親密關係進度表，不如在任何親密之前確定自己是真的想要，而且絕不後悔。

除非妳願意、妳甘心、妳喜歡、妳可以享受、妳準

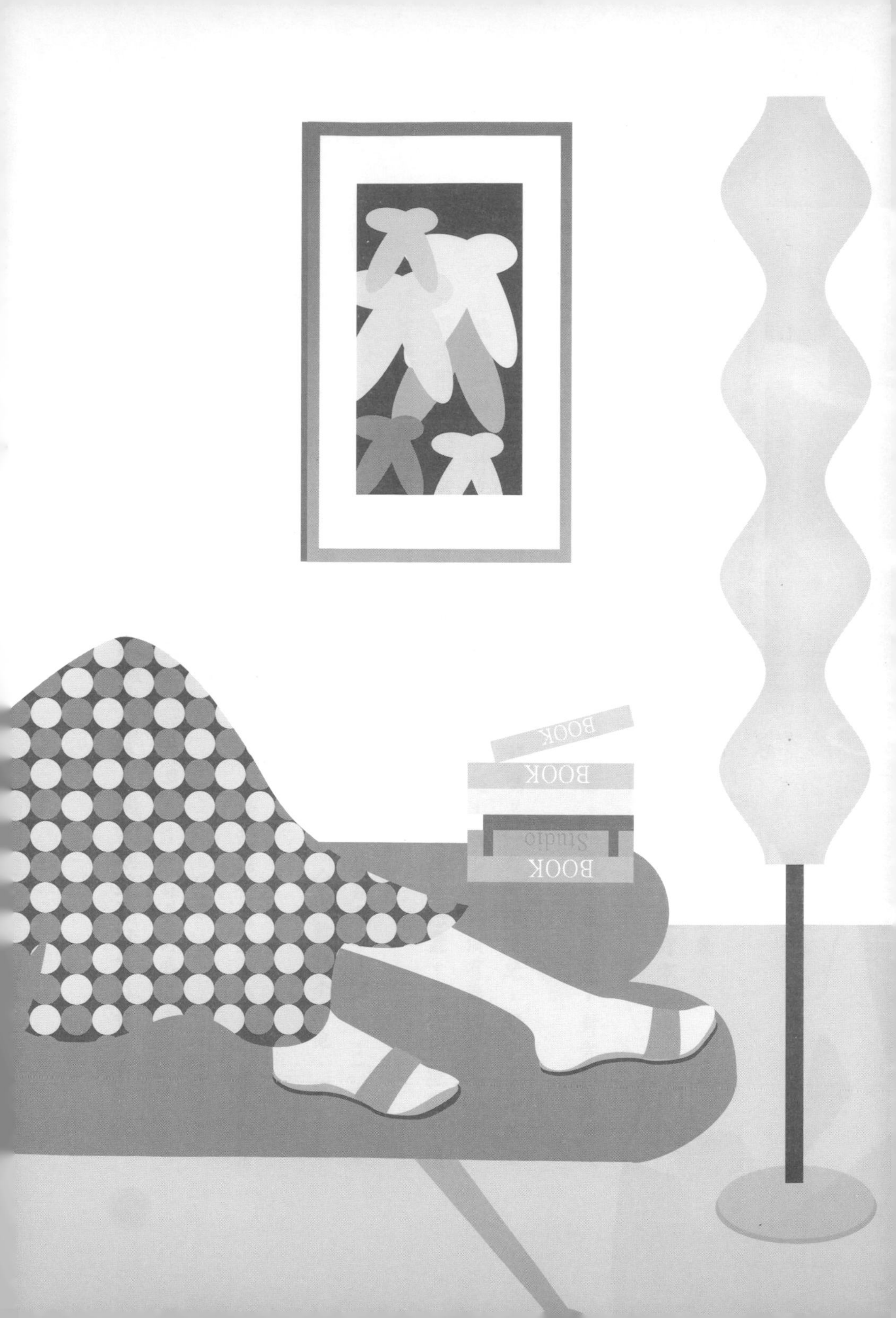
BOOK
BOOK
Studio
BOOK

Magic Book Magic Book

愛情保鮮

聰明女子聰明愛

「這個案子今天一定得趕出來，也許要加班到半夜……」

玲達難掩失望，爲了聽今晚這場音樂會，他們可是排了好久的隊才買到票呢！玲達想起以前那男人，他時常爽約，玲達總忍住不滿和失望：「沒關係，你忙，我沒有生氣。」三番兩次，直到玲達獨自去看《鐵達尼號》，在散場人群中撞見她的男人和那個香水女人。

男人因公爽約，不得已，女人因失望而不悅，也很合理。玲達嘟起嘴：「算了，我找文蕙陪我一起去，這次黃牛，罰你三張金牌！」

金牌，是兩人之間的遊戲，誰做錯了事或惹人生氣就得罰給對方金牌，得到金牌的人就有「發號權」，可任意要求對方做任何事。

有一回，玲達不知哪根筋岔了路，偷偷開了光義的車，偏偏玲達的駕駛技術只能用「智障加肢障」來形容，果不其然，才開出巷口就結實撞上了安全島！

光義趕到現場，見玲達毫髮無傷才安了心，再看自己的愛車渾身是傷，不禁氣得頭上冒煙、說不出話來。

「嗚，好可怕，好可怕，還好你來了！」玲達揪著光義的衣袖，做小可憐狀，「現在我才知道開車有多難、你有多厲害，嗚……沒有你，我怎麼辦？」

假哭。

請修車廠來拖吊，光義逕自走開，不理會隨後跟來的玲達。自知理虧，玲達倒也能屈能伸，討好道：

「對不起，以後不敢了，以後你開車、我洗車，你說東、我不敢說西，你是天、我是地，你是主人，我是奴隸……」

光義臉上寒霜漸融，玲達立即再加把勁，「主人，現在你多了五張金牌，請問有何吩咐？」

狹路易相逢，撞見光義和前女友在餐廳裡，玲達在躊躇了五秒後，深吸口氣，攏攏頭髮、拉整衣服，確定自己是在「最佳迎戰狀態」，才翩然走了過去，「嗨，眞巧！」

光義猛然一驚，慌亂地介紹道：「這……這位是米莉，我以前的……同事，這是我女……女朋友玲達。」

玲達刻意偎近光義，手還纏上他的腰，像在宣

告自己的領土似的，「義，今天晚上記得去超市買牛排醬喔！」對，就是故意要製造出兩人關係匪淺又曖昧的景象。

玲達臉上涎著笑，手卻狠命捏了光義一把，光義悶哼了一聲，嘴角抽搐。

「啊，不打擾你們了，」玲達一派落落大方，「米莉小姐有空來『我們』家坐坐嘛！」

晚上回到「我們」家，玲達坐在沙發上生悶氣，光義一扭開門，迎頭就是兩發抱枕飛彈，正中目標！得分！

「我跟她是碰巧在餐廳遇到的。」光義期期艾艾道。

鬼才相信，玲達噘起嘴撇過頭，不吭一聲。

「眞的，我們一年多沒聯絡了，這次她是有公事請我幫忙。」這笨男人才說了嘴就打了自己嘴，剛才不是說「碰巧遇到」的嗎？

玲達沒有戳破他，「哼，我嫉妒、我生氣嘛，我不要你們見面！」

「好，我以後不跟她碰面，可以了嗎？」

「就算要碰面，也要預先跟我報備。」趕盡殺絕不如網開一面。

「妳……」光義感激地摟緊玲達，「妳眞是善解人意。」

那幾天，光義出奇地體貼浪漫，還主動提議兩人去普吉島「預度蜜月」。玲達雖然一邊小心提防著米莉的滲透，卻絕口不再提及這女人，優勝者還去打落水狗，只會傷了風度，她只要守住優勢，然後優雅地露出勝利甜美的笑就行了。

給愛一層「保鮮膜」

得到愛情，不難。保有愛情，不容易。

愛情，是最誘人的美食，卻也是最不經放的生鮮食品，眼看它才活蹦亂跳，一晃眼就腐爛生臭。初始的濃情蜜意，也許在相愛相熟後，轉瞬間就相厭相膩。

愛情，是很容易膩的。

妳可以在最美味的時候享受「愛情」這道佳餚，讓它成為生命的養分。

妳可以延長愛情的「賞味期限」，讓它在冷了淡了無味了後，依舊可以入口。

或者，妳可以還在愛情變餿變臭變壞前，重新回鍋再熱一次，炒出一道全心的愛情菜。

蕭伯納說：「你要到女人身邊嗎？請帶一條鞭子。」

小彤說：「妳要到男人身邊嗎？請帶一條鞭子，還有幾顆糖、一瓶醋及一些辣椒。」

用這些素材熬造「愛情魔法湯」，教男人一喝就上癮，愛妳千遍不厭倦。

魔女聰明獨立又自在開朗，但魔女絕不會笨到去丟棄女人的兩大致命武器——「撒嬌」和「讚美」。

如果撒嬌使嗲，可以達成目的，魔女不會硬要講理辯道弄得自己口乾舌燥，贏了面子傷了和氣。

如果讚美諂媚，可以讓男人鞠躬盡瘁，魔女會樂得「只動我口、不動我手」。

一句溫柔語，勝卻萬千理。

裝傻服輸，其實才是眞聰明、眞贏家。

魔女有鋼鐵般的意志，卻有蘆葦似的柔軟身段。撒嬌，台語說「塞奶」，沒有人會扳著臉離很遠來撒嬌的，沒錯，把胸部塞過去，像隻黏達達的小貓窩進男人的懷裡，眨著無邪的眼，嘟著性感的唇，用輕柔的白癡語調，以狗腿的誇張語彙，說著魔女的六大常用句型：

「你好好喔！」

「你怎麼那麼棒呢？」

「我好幸福喔！」

「因爲你愛我嘛！」

「有了你，我好像擁有了全世界喔！」

「沒有你，我怎麼活？」

女人只要有「我愛妳」就可以活。

男人只要有「你眞棒」就成了無敵鐵金剛。

如果妳覺得噁心做作，那就表示妳嬌嗲得還不夠徹底、讚美得還不夠爐火純青，妳要再接再勵多練習幾次，要噁到無法無天、噁得面不改色、噁到風雲變色、噁到天人合一、水乳交融、黏得化不開。

妳也許不是最愛他的人，但妳必須比任何人都更能看到他的優點，而且，不吝惜強化它、説出來！高帽子沒有人會嫌多，讚美比責備有力，妳希望他怎麼對妳，那麼，照妳希望的樣子去稱讚他。

「你對我眞好、眞體貼！」他好意思對妳不好嗎？

「你拖地時看起來好迷人喲~~~~」他本想拖個兩三下意思就好，這會兒反而愈拖愈帶勁了。

「你爲什麼那麼聰明呢？」受到鼓勵，他只好更力求表現，以證明他的聰明。

「我知道你一定會這樣做的，因爲你愛我嘛！」別問你愛我嗎，要肯定自己是爲對方所愛。

撒嬌，可以化解情感中的衝突；讚美，讓男人樂得與妳爲伍。男人會愛上他欣賞的女人，卻無法離開懂得欣賞他的女人。

妳要像小孩般撒嬌，善解人意又可愛，妳要用女人的眼睛仰視、崇拜他。做個讓男人既愛又無法離開的女人。

魔女相愛守則：溫柔無敵手，撒嬌無悍夫。噁到最高點，愛會更多點。

愛情魔法湯第二道——火紅色的酸辣湯

愛情褪去了激情，就變成了情緒。女人情緒的起伏，男人死也搞不清楚，就連佛洛依德這位心理學大師在享年八十三歲過世前，都不禁要喟嘆：「女人啊，妳到底要什麼？」

男人不是妳肚子裡的蟲，妳不說，他可能永遠都不懂。

他忙、他遲到、他取消約會——大發雷霆是瘋狂女魔頭的行徑，除了弄壞感情，妳什麼也得不到；帶刺嘮叨兼翻舊帳，只顯得婆婆媽媽小心眼；硬壓怒氣、硬撐風度，「沒關係，我一點也沒生氣。」弄得自己內傷，對方還眞以爲無所謂。

體諒是好的，縱容卻不必要，他有錯、虧欠在先，妳與其忍讓委屈，倒不如做個順水人情：

「好吧，你去加班吧，不過，算你欠我一次。」

或者，「我好失望喔，」對，妳的情緒一定要讓他明白，「但是這也沒辦法，這次記你一次小過。」

小惠要施得體面而堂皇，教他知道：妳是大人不記小人過，法外開恩！

「……這次黃牛，下個月你答應要帶我去花蓮玩喔！」

施恩不求回報，不是魔女格調，魔女施恩不但要讓對方清楚知道，而且回報馬上要。原諒是妳的仁慈，索求回報是給他的懲罰，恩威並施，讓他感激也要他「下回不敢」，因為，每次犯錯虧欠，他都得付出代價。

他壞、他外遇、他犯了錯——情節重大，妳可以使潑耍辣，不過，有多少事實吵多大的架。

發現不明口紅印一枚，就翻天覆地、哭天搶地：「你說你也不曉得？怎麼可能？一定是你們公司那個八婆，還是你以前的女朋友小甄……對了，一定是那個那個叫什麼……」

小題大作，只會暴露妳的歇斯底里與不明事理。

明明撞見對方和另一位女子狀極親暱，還故作鎮靜、故裝沒事，這是掩耳盜鈴、自欺欺人。

小事大吵，是不知輕重；大事小吵，則是膽識不足。無事亂吵，是驕縱任性；有事不吵，是姑息養奸。吵架就像麻辣鍋，小事小辣，大事大辣，要辣得其道。

吃麻辣鍋，還得配上酸梅湯！魔女能放能收，吵完架會來點「柔情台階」讓對方下。

「難道你不知道這樣我會心痛嗎？」

「你怎麼捨得我難過呢？」

女人有時是一隻獅子，但也必須知道怎樣做一隻狐狸或綿羊。

示弱是更強的反擊，教他愧疚自責，別讓他惱羞成怒。

恰到好處的嫉妒和潑辣，無損風度，反而更添加魔女魅力。

愛情魔法湯第三道——五彩的「皮」蛋湯

魔女不喜歡做小女人事事唯唯諾諾，也不想做永遠不能倒的女強人。

在執行自己的慾望時，魔女不會退縮妥協。

在該放低姿態時，魔女也不會硬咬牙根絕不低頭，弄得自己齒落頸酸。

能屈能伸，眞女人。

男人犯錯，妳不必假裝不在意，妳自己犯錯，也絕不強詞奪理，該道歉就say sorry，當認錯就廢話少說，先低頭的人不代表懦弱。有時，情人間的爭吵並沒有什麼對錯，只是一言不合演變成一發不可收拾，放任負面情緒繼續發酵只會污染了愛情品質，輕鬆調皮是化解凝重僵局的芳香劑。

兩人吵得臉紅脖子粗時，「……我這麼伶牙俐齒，不去當律師太可惜了，對不對？」自嘲。

劍拔弩張之際，妳猛然冒出：「……我就是不

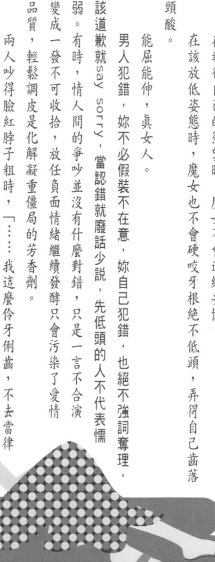

講理嘛！誰規定女人就得講理的？你叫他出來跟我講理啊？」夠無厘頭。

爭得快扯破臉了，「哼，吵架吵得快渴死了，我先去倒杯水來，我們再慢慢吵。」吵架還有喊暫停的？

此話一出，架哪還吵得下去？

一皮天下無難事，何必凡事太認眞？幹嘛非得爭出你錯我對、頭破血流不可呢？賴皮是另類撒嬌，調皮化解紛爭，頑皮消除緊張，嘻皮笑臉沒什麼不好，如果芝麻小事不小心吵成世界大戰，如果還想再愛下去，如果必須有人來消除愛情垃圾，爲什麼妳不可以是這個「清道夫」？

魔女必須是善後處理的「愛情環保高手」。

能高能低，能強能弱；可以勇敢也要溫柔，只要愛能更好，彎個腰、敬個禮，扮個鬼臉說對不起，又何妨？

和諧的愛比無謂的自尊重要，當「皮」不讓，魔女永遠敢於「厚臉皮」。

愛情魔法湯第四道——透明的孟婆湯

壞女人總是得到好男人，好女人老是寵出壞男人。

男人又壞又懶，多半是被女人寵出來的，不是被他母親，就是他的老婆或情人。

有個太能幹的女人，就有個生活白癡的男人。

有個事事包容的偉大女性，背後就有任性不負責的放蕩浪子。

有個做菜打掃一手包的女奴，就有窩在沙發上等人服侍的大爺。

有個認命整理的菲傭，就有個好命亂丟襪子書報的垃圾製造機。

有個十項全能的賢妻，就有位一竅不通的愚夫。

因爲妳聰明，所以他就樂得當啥事也不必做的傻瓜。

女人總愛表現自己是多麼宜室宜家、多麼賢慧有婦德，搶著洗手做羹湯，幫男人清理內務，久了，一切成了妳的「義務」，他理所當然，妳辛勞難當。

魔女的魅力不必來自苦力，愛，眞的不必建築

在這樣的依賴與被需要上。不要什麼都幫他做得好好的，他能忍受髒亂狗窩，妳也能眼不見爲淨——除非妳也必須共同活在那窩髒亂之中。妳要像突然被廢了武功、喝了孟婆湯似的「什麼都不太會、什麼都不記得」，讓男人比妳聰明能幹有時更好，但是，記得在他做事做主時，黏在一旁爲他打氣、幫他擦汗，稱讚他厲害，而且，還要把他的功績添油加醋昭告世人。

「他不但工作了得，更是十足好男人，做的菜不輸大廚師，對生活又有品味……」被肯定的成就感會讓他更樂在其中。

就算他做得既蠢又笨且呆兼驢，妳也不必做「雞媽媽的媽媽」——雞婆地插一手，硬是逞能幹去打擊男人的自信，只會傷了感情，或者養成男人的惰性，累垮自己。事必躬親、努力賢慧，只會把自己累成黃臉婆，到頭來男人還嫌妳蓬頭垢面上不了檯面。

笨女人跟男人比賽，弄得自己疲憊不堪。魔女很聰明，聰明得會裝笨，讓男人以爲他自己很聰明，重點是，他得到了優越感，妳得到了妳想要的——他能者多勞，妳被疼惜得很好，他有面子，妳贏裡子，他高興，妳快樂。

生活上，不必太聰明，讓男人一同參與更甜蜜。

感情上，偶爾要迷糊，給男人一方喘息的空間，不必得理不饒人、追根又究底，他一時貪玩，妳與其翻風掀雨、逼問大鬧，不如裝糊塗歸還給他那家美眉超辣的Pub的打火機，「店名很好聽，有空我們去那裡坐坐。」容許對方犯一點錯，裝傻不必戳破，用信賴抓住不值得信賴，才是眞智慧。

魔女很聰明，知道什麼時候該笨。

一嬌、二辣、三皮、四憨，魔女四湯是愛的防腐劑，讓情意永遠新鮮。

我要，我要你的……

我要，我要你的……10

「今天昕昌公司陳總請吃飯，他是我們的大客戶，不應酬不行，」信麟在電話彼端安撫著雅芝，「乖，別生氣，下個禮拜我再陪妳去看夜景、洗溫泉，陽明山又不會跑掉……」

「可是，我們好不容易才訂到溫泉旅館。」雅芝停下飛竄在鍵盤上的手，失望難掩。

「打去取消好了。對了，妳正在幫我打那本企畫書吧？下週一急著要，拜託囉！」信麟換上黏蜜的語氣，「我愛妳，下個月我們請假去歐洲，好不好？我們可以漫步塞納河畔、遊覽巴黎鐵塔、躺在羅浮宮前的草坪……」

雅芝啃了兩口麵包，繼續趕著信麟要的企畫書。從美國舊金山到巴里島浮潛再到澳洲看袋鼠，或是花蓮賞鯨，有時是阿里山看日出……和信麟交往近五年，他們除了去陽明山看過夜景外，一直都是在「神遊」世界各地，就像在翻閱旅遊導覽似的，風景再美、圖片再眞，雅芝還是未曾眞的走進樹影水瀾中。

有時，在百貨公司雅芝看到喜歡的衣飾，信麟一定會貼心地說：「妳生日不是快到了？這當生日禮物應該不錯。」兩年前那個七夕情人節前夕，雅芝流連鎖金店櫥窗前盯著那款最新款的項鍊，信麟神秘兮兮地附耳道：「情人節我會給妳驚喜的。」

驚喜從沒有過，驚嚇倒是不少，五年來雅芝只收到一束花和一枝鋼筆，花是雅芝賴在花店門口逼信麟買的，而鋼筆是客戶送給信麟的，至於陸續承諾過的項鍊、手錶、皮包、旅遊……都成了風中柳絮，一項也沒有出現過。

午夜一點多，信麟微醺地按了雅芝的電鈴，爲她帶來炒麵當消夜。

「今天昕昌公司陳總請吃飯，他是我們的大客戶，不應酬不行，」信麟在電話彼端安撫著雅芝，「乖，別生氣，下個禮拜我再陪妳去看夜景、洗溫泉，陽明山又不會跑掉……」

「可是，我們好不容易才訂到溫泉旅館。」雅芝停下飛竄在鍵盤上的手，失望難掩。

「打去取消好了。對了，妳正在幫我打那本企畫書吧？下週一急著要，拜託囉！」信麟換上黏蜜的語氣，「我愛妳，下個月我們請

假去歐洲，好不好？我們可以漫步塞納河畔、遊覽巴黎鐵塔、躺在羅浮宮前的草坪……」

雅芝啃了兩口麵包，繼續趕著信麟要的企畫書。從美國舊金山到巴里島浮潛再到澳洲看袋鼠，或是花蓮賞鯨，有時是阿里山看日出……和信麟交往近五年，他們除了去陽明山看過夜景外，一直都是在「神遊」世界各地，就像在翻閱旅遊導覽似的，風景再美、圖片再眞，雅芝還是未曾眞的走進樹影水瀾中。

有時，在百貨公司雅芝看到喜歡的衣飾，信麟一定會貼心地說：「妳生日不是快到了？這當生日禮物應該不錯。」兩年前那個七夕情人節前夕，雅芝流連鎖金店櫥窗前盯著那款最新款的項鍊，信麟神秘兮兮地附耳道：「情人節我會給妳驚喜的。」

驚喜從沒有過，驚嚇倒是不少，五年來雅芝只收到一束花和一枝鋼筆，花是雅芝賴在花店門口逼信麟買的，而鋼筆是客戶送給信麟的，至於陸續承諾過的項鍊、手錶、皮包、旅遊……都成了風中柳絮，一項也沒有出現過。

午夜一點多，信麟微醺地按了雅芝的電鈴，爲她帶來炒麵當消夜。

「喏，你要的企畫書，熬了四晚，剛完成。」雅芝揉揉雙眼，連續幾小時坐在電腦桌前，弄得人腰痠背疼的。

「有妳這位私人秘書，我想不升官都難。」信麟把厚厚的企畫書往桌上一擱，摟住雅芝，「等我升官加薪，我們就出國玩，還有，我們也得開始找房子準備結婚，我一定會給妳一個溫暖的愛的小窩，我們一起做晚餐、一起看電視、一起洗澡……」

「誰要跟你一起洗澡啊？」雅芝嬌嗔地推開信麟。

「不要嗎？真的啊？那我去跟別人洗囉！」信麟追著搔雅芝的癢，抓到雅芝，趁勢滾進激情的被褥中……

◇

信麟果然高升也加了薪，適逢農曆新年，有近十天的假期，雅芝滿懷欣喜規畫起兩人的浪漫之旅。行程剛敲定，信麟又變了卦。

「難得放假，幹嘛到國外去人擠人，在家休息不是很好嗎？」

「我不管，你答應的。」一而再的反悔黃牛，雅芝終於忍不住大發雷霆，「這次非出國不可。」

「好好好，出國就出國，那不要十天都用光吧？我們

去普吉島，又近又便宜，還可以游泳，妳穿泳裝的樣子一定迷死人了。」信麟露出色瞇瞇的垂涎狀逗著雅芝。

將美西行程改成普吉五日遊，沒想到信麟又以「把旅費存起來買新房」爲由取消了。最後，長長的十天年假，只有「港泰一日遊」，不是香港泰國，是到台北近郊的南港泰山兜一天風。

省下旅費爲買新房，現在，雅芝每天下了班，一面忙著幫信麟打報告、擬企畫書或抄客戶資料，一面還得四處看房子，可是，信麟不是嫌太遠，就是嫌太貴，不遠不貴的，他又說格局不好、風水欠佳，後來還索性推說不舒服或有應酬，不再看房子了。

雅芝邊吃著便當邊幫信麟趕一份急著要的企劃報告，今天同事玲達送上了休假單，玲達又要和男友出國旅遊了，臨下班前玲達工作還沒忙完，玲達乾脆叫接她下班的男友客串助理，幫她影印傳眞兼買飲料，看玲達男友忙進忙出、還不時溫柔地叮嚀玲達喘口氣休息一下，雅芝心口竟隱隱地湧上了一股酸澀。

◇

這天，雅芝做了信麟最愛吃的沙朗牛排，「我想我們暫時不要急著買房子吧！」

「對嘛，房子不買又不是會跑掉，慢慢來嘛！像現在這樣租房子也不錯啊！」一聽不再逼他看屋，信麟神色有鬆了口氣的舒暢開朗。

「可是，我這間小套房我們兩個人住又嫌擠了些。」雅芝說。過年前，信麟就以見面方便爲由，搬來與雅芝同住，原本說好房租他付，但是除了第一個月的水電費是信麟去繳的外，半年多來一切開銷都是雅芝支付。「今天我去看了這間房子，三十坪才只要三萬元一個月，可是我的錢都買了海外基金，付押金還差五萬元呢！」

比起買房子動輒幾百萬，五萬元可就輕鬆多了，信麟第一次爽快地掏出錢來。

兩週後，雅芝走到正在看網球賽的信麟面前，丟下一顆定時炸彈，「我懷孕了，我們結婚吧！」

本來正在爲山普拉斯喝采鼓掌的信麟，笑容像融化的冰淇淋般垮了下來，「妳……怎麼這麼不小心？」

聞言，雅芝泫然欲泣，信麟馬上正色道：「我們結婚

是早晚的事，我是想等經濟基礎更穩定些，才能給寶寶更好的環境……」

儘管百般不願，雅芝還是勉爲其難地收下信麟給的兩萬元「墮胎費」。那幾天，信麟出奇的體貼，還眞的照雅芝所說的買下那條鎭金店的項鍊，說是要「紀念這個未出世的寶寶」，他們甚至還很難得地到墾丁度了假，而且，雅芝終於要到了一張信麟答應了不下三十次的副卡，雖然額度只有五萬元。

雅芝興高釆烈地拿著副卡採購他們新家的家具，她當然不會告訴信麟那房子只租兩萬五，多的五千元是準備當水電管理費，至於，懷孕拿小孩根本子虛烏有，她不是存心匡騙信麟，只是覺得五年來，她做他免費秘書兼私人司機加菲傭，卻連一份像樣的心意都看不到。信麟缺錢時，她二話不說拿三十萬借他，然而即使爲了買兩人的東西，信麟也總藉口「最近手頭很緊」賴給雅芝付錢。

雅芝走進百貨公司，幫信麟挑了一件襯衫和領帶，再繞到女裝部，選幾件時裝犒賞自己，幾年來爲了兩人「愛的小窩」這個夢，她省吃儉用連件新衣都捨不得買，而且這幾天她替信麟整理市場規畫報告累得人仰馬翻，信麟不獎勵她，她可不想刻薄自己。

「小姐，刷卡嗎？」售貨員問。

雅芝拿出信麟的副卡，「——咚！」刷卡的聲音，聽來如此悅耳。

把情話抓在手中，不教諾言成謊言

情話，是愛情中最華麗的演出，它讓粗鄙的人變得細膩迷人，把平凡的情愛妝點得浪漫不凡。

如果沒有那些動人的情話，徐志摩只不過是個喜新厭舊的負心漢而已。

如果少了情話，羅密歐就不是羅密歐，而只是一個好勇鬥狠的痞子罷了。

如果抽掉情話這個部分，俄國文豪普希金就只是一隻名符其實的大淫蟲。

情話，可以是一句歌頌、一聲囈語或者一個承諾。歌頌或囈語，是心情，可以說過就算、講過便忘；諾言卻是責任，說了不做，就成了謊言。

「我愛妳。」是情話。

「我要永遠愛妳。」是謊言級的承諾。沒人知道永遠有永遠。

「我想摘下天上的星星送給妳。」是囈語式的情話。

「我要與妳分享我的未來和一切。」是騙人的，他肯與妳分享他的床和臭襪子，可能卻

連一件洋裝都捨不得送。愛到激烈處，情話隨便說，夢想多半只是如夢一場，遠景也許遠不可及，妳要深信不疑，就是自討苦吃。

許下諾言和實現承諾，是兩碼事。男人在工作上被要求「一諾千金」，在愛情上卻習慣「信口開河」，可恨的是，男人虛妄的承諾，卻總能換得女人眞心的奉獻。

魔女勇敢去愛，卻不會教自己被虧待；愛聽情話，卻拒收愛情空頭支票；對於男人天花亂墜的諾言，魔女會大聲地說：

「給我眞實，其餘免談！」

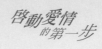

情話兌現機第一台——勇敢說，大膽要

我要，我要你的……

如果連妳都知道自己要什麼，男人更不會知道。

弄清楚妳要的是什麼——婚姻或一場溫柔，鑽石或鮮花，巧克力還是燭光晚餐，魔女不會故作姿態、偽裝無慾，明明是拜金慾女就不必假裝不食人間煙火，然後再來埋怨對方小氣吝嗇。明明重視排場氣氛，就別裝得無所謂，再來責怪男人請妳在麥當勞吃情人餐。

裝成隨和無慾，也許初時會魅惑男人，但時間一久，只會搞得「自己覺得受罪，男人覺得受騙」的兩敗俱傷。

「我，我要，我要你的……」正視自己的慾望，而且適時明確地暗示或明示對方。

想要鑽石，就不要告訴對方玻璃珠就好。

想天長地久，就不要裝不在乎的說「只要曾經擁有」。

不敢吃麻辣火鍋，就不

必隨和地說「隨便。」

不想看武打片，就明白說打打殺殺讓妳頭疼反胃。順從，只是讓別人忘了妳也有想法；乖巧，只會委屈自己，對方也未必得到好處；裝腔作勢、愛吃假客氣，只會讓自己什麼也吃不到。

說出妳要的，具體而且明確，連型號、尺寸、顏色、牌子、數量、時間，到哪兒買都說清楚、講明白，最好帶著他當場成交、刷卡兌現，別讓男人賴皮或猜心，否則，結果是妳傷心痛心加灰心。

要對方付得起的，沒什麼不好意思；要妳應該也值得得到的，心安理得。要是對方因此認爲妳「貪得無厭」、「愛慕虛榮」，那是因爲他自己「不肯付出」、「不切實際」。

不必怕要，除非妳眞的不想要。

敢於付出、勇於要求，魔女不會教自己愛得委屈。

情話兌現機第二台——讓他說，馬上做

他肯說，妳就認眞聽，他要做，妳就歡喜受。

「我買花送妳。」他說。不管是隨口或眞心。

「不要啦，太浪費了。」妳很賢淑，以後，妳就別想他會再浪漫。

「好啊！你好浪漫喔！」這下，妳贏得他的鮮花和愛意，他賺到妳的開心和蜜意。鮮花一束，快樂兩人，多划算！

他有心意，妳就趕快接受，他許下承諾，妳就追問何時兌現，他隨便織夢，妳就誘引他去圓夢。

當妳爲他準備了一桌佳餚，他一時有感而發：「我們來共組一個可愛溫馨的家吧！」

不要只是陶醉，妳要乘勝追擊，「好嘛！我媽也一直在催呢！嗯，年底前請你爸媽來提親吧！那我們以後住的……大約三十坪三房兩廳，這樣你爸媽上來也有地方住，

對不對？東區，好不好？電梯大樓太貴，公寓就可以了，對了，今天報紙有一批新成屋……」

很多男人只負責說，卻不負責實踐。他可以承諾得抽象籠統，妳卻要讓諾言具體可行，最好趁他興頭上，讓他昏頭把諾言實現。兌現要快，實行要及時，夜長夢多，諾言有限期限一過，什麼都不算數。

他想送妳戒指，妳就馬上把指圍告訴他。

他說要愛妳一萬年，給妳全世界。妳就告訴他全世界中的一件漂亮衣服在Sogo二樓。

他說要出國旅遊，妳就立刻拿他的護照。

迷醉時，什麼都對、什麼都好、什麼都可以給，清醒後，一切都容易忘掉，所以，妳要趁他許諾時，爲他再斟上一杯酒、再添一些迷魂湯，然後立下切結、寫下字據、蓋好手印、交出證件、掏出錢包，完成承諾！

情話兌現機第三台——裝可憐、扮悲壯

妳付出眞情，他給了承諾，只是，承諾不一定會兌現——如果妳不要求他兌現的話。

妳可以習慣他隨口說說，那就別怪他不懂眞心付出。

妳可以縱容他有口無心，要是期待落空，妳就不要怨聲載道。

妳也可以接受他光說不練，一旦他無視妳的需求，妳就別埋怨哀嚎。

說情話、許承諾的當兒，男人是眞心的，只是事後妳不要求，他會樂得當沒這回事。

魔女知道如何讓男人遵守承諾，如果必須裝可憐、扮委屈才能得到，魔女不介意哭得比別人大聲、裝得比非洲難民還可憐。

爲了得到他的心，魔女不惜忘掉自己的荒唐行徑，而且不會在某個耳鬢廝磨的夜裡，愧疚地招供曾和兩個男人同居過。

爲了讓他內疚感動，妳可以告訴他那個他爽約的晚上，

妳做了多豐盛的晚餐枯等一夜，而不必在他補償妳時坦承那晚其實妳和姐妹淘在Pub狂歡。

爲了讓他掏出錢，妳大可哭哭啼啼說妳懷孕了，然後理所當然要求墮胎費加調養身體的營養費，而不會在他柔情注視時，忍不住招供妳從未懷過他的孩子。

用謊言交換諾言，雖然不光明正大，但是，如果謊言是索取眞心的必要手段，魔女會打好漂亮的草稿、擠出無邪的笑臉，索求她應該得到的，而且——貫徹始終。

情話兌現機第四台——先斬後奏，代客加工

許下承諾和實現之間，有時眞的相差十萬八千里。

他勇於承諾卻老不當一回事，無論妳明逼暗誘，他還是「把夢想放口中，讓未來不會來」。妳告訴他指圍大小、希望他買Sogo的那件洋裝、他的護照也交給妳了，可是，他依舊老神在在，認眞承諾，馬上忘掉。

既然他光說不練，妳就先斬後奏。

他說了十幾回要送妳那只妳愛不釋手的戒指，妳可以先去買好，然後在他又口出狂言要買那戒指時，妳就很善解人意地拿出來：「我趁優惠期幫你買下來了，只要五千元，謝謝！」

他說想摘下天上星星送給妳，妳可以告訴他，星星已經摘下來了，在妳家臥房躺著的那隻大猩猩玩偶，是妳替他買來送妳的情人節禮物。

他說要結婚，妳就收集好飯店、禮餅、婚紗攝影的資料，然後，在他又激情難抑或迷醉

微醺時，告訴他：「小琪在這家婚紗店打工，已經幫我們敲好拍照檔期，而且還會給我們特別的優待……」

他說要出國，卻老改期取消，妳就：「我相信你是眞心要帶我出去玩，可是，眞糟糕，我錢都付了耶！」要他先付錢，這樣下次他就會乖乖實現。

他有口無心，妳就身體力行。

就算男人用「幹嘛買睡衣送妳？妳不穿更美麗」來說服妳，或者「再大的鑽石也比不上妳眼眸的光彩」來動之以情，魔女會在照單全收男人的讚美後，愛嬌地提醒他，「不行，你答應的，我不管！」

魔女不會要這要那、需索無度，因爲妳知道自己是無價之寶，禮物金錢買不到妳，而且，花自己的錢比較過癮。

但是，魔女也不會接受男人無心的溫柔或承諾，讓男人以爲隨口胡謅就可理所當然的掠奪女人的眞情，以爲不回饋不善待女人也沒有什麼不對。

以前，女人爭獨立，不用男人的副卡，現在，女人爭勝利，不介意男人爲愛進貢眞心或金錢。如果一個男人連禮物都捨不得送，連承諾都七折八扣，妳如何相信他說的「我的一切都給妳」、如何相信他會無私地愛妳？

妳可以愛上一個窮得送不起禮物的男人，但別跟一個只用嘴巴說卻捨不得給的男人耗。

讓男人承諾，誘他去做，假若醒來時他賴帳不從，魔女會自己完成他的諾言，然後在他下一次迷醉時，把帳單將交給他！

不要虛妄的諾言！

爲愛犧牲不如好好重生

Magic Book Magic Book

心愛男人的房間嗎？」開祥居然對他所製造的恐怖景像有些自得。

「才不呢，誰愛你呀？」麗凰嬌嗔道，卻一邊開始動手整理起來，戴上手套、提起水桶、擦擦洗洗，不知不覺間，麗凰臉上閃耀著賢妻良母的光輝，深深爲自己的「賢淑勤快」所感動。

開祥的「大男人主義」似乎無所不在，他不幫女人開車門、拉椅子，他說：「大男人才不做這等小奴才事。」走路時，他喜歡走在麗凰前面，讓步伐較小的麗凰苦苦追隨；開祥喝湯很少用湯匙，尤其在中式餐館，他會一手抓起湯碗，一下呼嚕喝光，他說這樣喝湯才有男人氣魄，「用湯匙是娘兒們的行爲。」

不過，每次吃完飯，開祥卻會搖身一變成了女權支持者，要求均分帳單！「這種Go Dutch的美式作風，最符合男女平等精神，我還是很尊重妳們女性吧！」說得冠冕堂皇。帳單是一人付一半，只是通常開祥都吃得比較多、比較貴。

不希望情人間爲錢斤斤計較傷感情，麗凰會乖乖從皮包拿出大約一半的金額，自桌底下遞給開祥，再由開祥去付帳。錢必須從桌下塞而不明著給，因爲開祥說：「明著拿錢給男人，別人看了會以爲我是吃軟飯的、靠女人養。」

「那你拿給我，我去付好了。」

「付錢是男人的事，女人去付，成何體統？」又是一副大丈夫不可辱的氣勢。

連逛街買衣服，也是以開祥的意見為全部意見，「這件太老氣，不好。」就算喜愛得不得了，麗凰仍得忍痛「割愛」，至於開祥看上的，即使不喜歡，麗凰還是會咬牙買下來，時日一久，麗凰變得不會自己買衣服了，她對自己的審美觀一點信心也沒有。

「這衣服有點ＳＰＰ，不像妳的格調。」朋友批評道。

「開祥為我選的，沒辦法，女為悅己者容嘛！」

不只為悅己者「容」，麗凰幾乎已經到了為悅己者「活」的境界了。開祥臨時有應酬或與同事聚會，他倆的約會就得取消，「男人事業最重要，怎麼可以只顧兒女情長？」要是開祥突然有了空檔或蹺了班，麗凰就必須擱下正跟好友的相聚、放下手邊的工作、停止一切要事——全力配合！否則，開祥會老大不高興地開訓：「女人嘛，就該以愛

情婚姻為生活重心，工作只是女人生命的點綴。」

才兩年而已！兩人才交往兩年，麗凰卻有跑過兩千萬里、經過漫長兩個世紀的感覺。初時，開祥的大男人作風雖霸氣猶帶柔情——風太大，他會脫下外套：「女人哪，是生來讓男人疼、讓男人照顧的。」

麗凰出國洽公，開祥會堅持全程接送：「我怕妳在機場迷路，我不相信女人的方向感。」

買東西、提重物，永遠是男人服其勞，開祥的理由是：「哪有叫女人提東西的？那男人活著幹嘛？」

曾幾何時，開祥的「大男人」變得獨裁跋扈——不准麗凰穿牛仔褲，因為「太沒有女人味」；要麗凰幫忙整理家務、做菜洗衣，他自己卻連洗碗倒垃圾都不肯，「君子遠庖廚，男人洗碗多娘娘腔啊！倒垃圾？那是憋三才做的事！」開祥甚至要求麗凰買一支專屬他的手機號碼，以便隨時掌握麗凰的去向，但是，他卻嚴禁麗凰追問他的行蹤，他的理由仍是一貫希特勒：

「男人在外打拚，女人不要過問太多。所謂『丈夫』就是指一丈之內為夫，一丈以外就要放牛吃草了，懂不懂？」

週末。

開祥還在外面不知何處「應酬中」，留麗凰一個人餓著肚子打掃他的狗窩

爲愛犧牲不如好好重生

。原本約好兩人一道去翡翠灣福華飯店度假的，臨時又取消了。一個美好的周末假期，麗凰坐在好不容易清理乾淨的房裡，排山倒海的疲憊兜頭兜腦襲來：：要這樣下去嗎？婚後，白天兩人忙工作，下了班，開祥不是在外面應酬就是回家坐在電腦前打遊戲，她可以想見家裡的開銷必然大部分由她來支付，開祥八成會這麼說：「妳賺的錢比較多，當然要付多一點嘛！再說，妳也沒什麼錢要花的，不像我們男人要應酬、要打政治麻將，還要……」負擔家計事小，家事一定也是麗凰一肩扛，她得在一天的忙碌後，回到家，還要做家事照顧孩子，油在鍋上熱著，菜在水裡浸著，孩子在叫著，洗衣機嗶嗶叫，開祥嚷著要喝啤酒，電話響了……全都等她一手，不，七手八腳搞定。

眞的要這樣下去嗎？麗凰突然覺得好累、好累……

壞男人，是好女人寵出來的

把女人當附屬品，奴役踐踏女人，是爛男人！

把女人當寶貝疼，照顧呵護女人——才是大男人。

當女人是茶杯，男人是茶壺，所以多妻多妾，天經地義，是花心壞男人。

當女人是男人的肋骨，所以男人該疼惜女人，女人該聽從男人——是大男人。

認爲女人是次等人類，唯男人獨尊，是自大無知的蠢男人。

認爲女人是需要被保護的弱勢族群，有事男人服其勞——是大男人。

家事是女人的事，君子遠庖廚，這是愛找藉口的懶男人。

家事是一家人的事，粗活更是男人的事，飯來張口叫做廢物，等女人服侍叫敗類——這是好男人。

帳單一人一半，互不相欠，是小氣男人。

這攤妳請客，下攤我付錢，何必太計較？是眞平權的男人。

怎麼可以教女人付錢？男人都死光啦——是大男人。

「大男人」或許不可愛，不過，藉大男人之名行剝屑女人之實的「假大男人」則更可惡。如果愛上沙文大男人，魔女會表面上做個乖巧的小女人享受男

人的疼愛，再設法蠶食鯨吞奪回平等和自主權，但是，再苦再老再孤單再沒人要，魔女絶不讓自己栽在又爛且懶兼蠢還小氣花心的「假大男人」手上。

就算不做堂堂大女人，也絕不做可憐小女人。

身爲女人，不是原罪。

絶不認命。

眞女人主張第一章——偶爾妥協，有時堅持

生活瑣事，就讓男人做決策出主意，他樂得開心，妳省得傷腦筋，然而，如果妳一直乖巧順從，男人會以爲妳沒有好惡；如果妳凡事沒意見，男人會忘了妳還有想法還有聲音。

他可以決定，但妳有權否定。

不必做「YES小姐」！

反對父權、伸張主見沒那麼難，傳統的教育讓妳習慣順從，然後，妳會緩緩失去思考成了盲從，現在，妳只要學著忠於自己，不再遷就地說：「隨便。」

他問看什麼電影，妳就告訴他妳的意見，別再「隨便」。

他自做主張決定更改你們的度假計畫，妳可以大聲說妳實在不想去泰國，不必勉強說「隨便」。

他點他愛吃的，妳總有妳想吃的，不要再說「隨便」。

「他愛吃牛肉，他不敢吃青椒也討厭芹菜……」妳只爲對方想，永遠忘了

自己是誰，或許悲壯偉大，卻得不到快樂，對方也不一定領情。

「他愛吃牛肉，我喜歡烤羊排。」妳滿足他滿足，沒有人委屈受苦。爲對方著想也顧全自己，有時，並沒有那麼難。

小事妥協，是不讓兩人相處失去了彈性。

大事堅持，是不想失去自我與尊嚴。

一味順從、一直退讓，不但贏得不了眞情和尊重，反而會教男人以爲妳是沒骨的毛毛蟲，踢久了就想把妳踩爛。

退一步，也許海闊天空，一退再退，卻可能人去樓空。堅持對的事，倘使沒有對錯，那就堅持妳覺得合理而且舒服的事。

妳不想發生關係，他說：「愛我，就給我。」妳就反過來說：「愛我，就尊重我。」

他喜歡女人唯命是從、三從四德，妳就讓他明白：「軟趴趴的女人是好奴才，卻未必是男人之福，有主見的女人，其實才是男

人生活最好的幫手和夥伴。」妳不是武則天，也請他別堅持當皇帝。

他擅自做決定不徵求妳的意見，置妳的喜惡於不顧，妳可以表達抗議或憤怒，甚至可以採取「不合作運動」，就算勉強配合，也要讓他知道下不爲例。別輕易喪權辱國。

當妳習慣讓男人牽著鼻子走，久了，妳就成了長鼻子卻如同傀儡的小木偶。

眞女人主張第二章——偶爾依賴，常常獨立

男人或多或少都有「英雄自大症」，被依賴、被需要會讓他們覺得自己很重要、很了不起。

妳可以表面上很依賴他，讓他照顧妳寵妳，妳再像隻黏人的小花貓，「喵，沒有你，我怎麼活呢？」

有時示弱裝傻，教他逞威風耍帥一下，不必硬去跟男人比體力鬥智力，粗活讓他做、英雄讓他當，妳只要在旁邊鼓掌，帶著仰角四十五度的愛慕眼神：「啊，你眞是太棒了！」

女人需要被愛，男人需要被崇拜。如果他樂在表現，妳就樂得享受；他愛逞英雄，妳就負責做被拯救的受難公主；他付出犧牲，總好過妳付出犧牲，不過，別忘了事後做一隻感恩圖報的忠狗：「汪，我會一輩子記得你對我的好。」

不要只是索求，妳也要適當付出適時回報，愛就像打乒乓球一樣，總要有來有往、有守有攻，才玩得起來，但是，千萬別一股腦兒付出全部、傾妳所有，付出太多容易有怨，不是他怨壓力太沉重，就是妳怨回報太少。

適量付出就好，重要的是表情要壯烈、措詞要感性、內容要抽象、口吻要煽情：「爲你，再苦我也願意。」、「對你，我永遠無怨無悔：：你是我一生的最愛。」、「下輩子，我還要愛你。」

妳是否付出很多、是否情深意重並不那麼重要，重要的是妳必須讓對方以爲妳對這份感情十分依賴看重。

依賴男人，但也要懂得堅強獨立。

找張長期飯票，不必工作讓男人養，是「寵物型」小女人——而寵物是無權要求主人只豢養妳一隻寵物的。

事事靠男人，脆弱怕寂寞，依附「愛」而活，是「菟絲花型」小女人——沒有女蘿草，菟絲花無法活，妳的一生只得任男人掌控。

不做愛情寄生蟲！魔女享受獨立的痛苦孤單和自在快活，沒有男人陪，一個人逛街看電影也不賴，少了他，晚餐一樣美味，自己去旅行，生活照樣精采。自己做決定，自己解決難題，就算錯了、苦了、完了，也自己承受。

但是，聰明的魔女不會教男人知道「沒有你，我一樣快樂」，因爲男人英

爲愛犧牲不如好好重生

雄主義作祟，總偏好選擇脆弱無依的女人，妳要堅強獨立，但要讓男人以爲妳沒有他不能活，讓他爲妳牽腸掛肚。牽掛是好的，牽掛使男人不忍輕言別離。

讓男人以爲妳很依賴他，滿足男人的優越感。

讓自己明白妳沒那麼需要他，獨立，才能活出尊嚴。

眞女人主張第三章——怕不平等，不怕成功

魔女不做把男人踩在腳下的大女人，也不做被男人踩在地上的小女人。魔女追求公平。

他把房間弄得像狗窩，他不整理，妳也不必費心。

他討厭妳追問行蹤，妳也拒絕向他報告動向。

他自私得要妳事事配合他，妳也請他多多體諒妳。

他說了算、不喜溝通，妳就聽了算、不必當眞。

他所不欲，勿讓他施於妳。

魔女不會把男人的鴨霸不講理當成「男子氣概」、自私自大當「性格」、粗魯無禮當「酷帥」，妳需要被平等對待，他想妳這樣，他也必須這樣，愛沒有誰強誰弱、誰高誰低，假如他堅持強勢高姿態，老是看扁女人，妳就一腳把他踢回他媽身邊，請他媽好好教他。

他希望妳乖乖做成功男人背後扶助的那個女人，妳最好清楚：他成功以後，最佳女主角也許「換人做做看。」

他覺得女人在工作上和男人爭高低很可笑，妳就告訴他：「認眞的女人最美麗。」

如果他不懂得尊重妳，妳就更要看重自己，不要趴在地上讓人踩。

如果他學不會欣賞工作中的妳，爲妳的成功喝采，妳就更該努力成功。

沒什麼好怕的。

男人或許不會欣賞女人的成功，但男人絕不會眞心愛上一個把自己人生搞得慘兮兮的女人。

追求成功，不必猶豫。成功後，妳可以展現溫柔與嬌態，盡量顯出優雅和自信，要是他不懂欣賞，還有很多男人會。

拒絕成功，只會讓妳一肚子氣，一臉「看，我爲你放棄了一切」的悲哀，久了，他會生厭，別人也會避開妳唯恐不及。

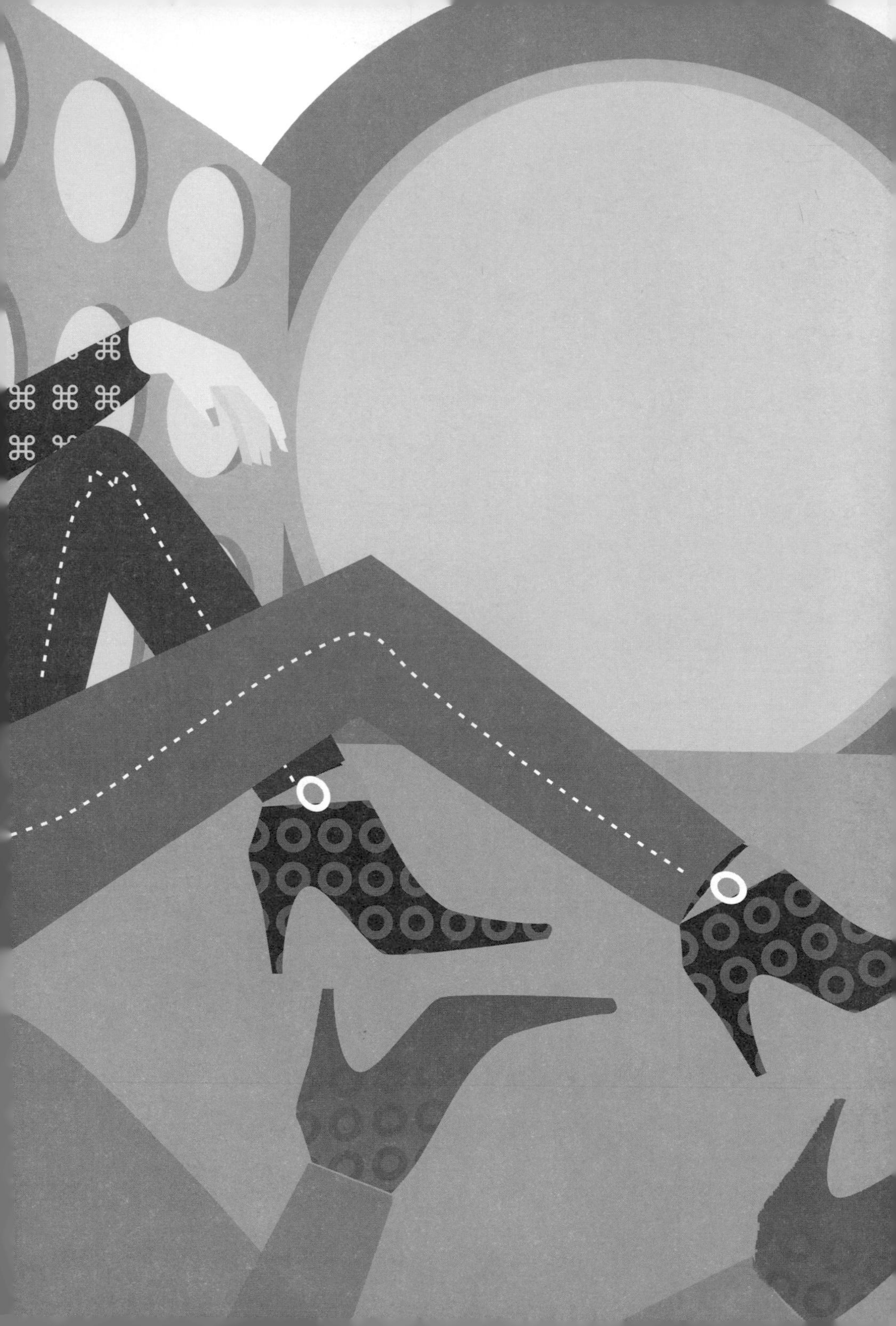

Magic Book Magic Book

誰說女人是弱者

傻瓜才做第三者

欣兒低頭絞著衣角，氣氛，凝重得教人窒息。

「這樣最好，今天我們三個人面對面把話說清楚。」總經理夫人環顧了總經理爲欣兒租的小套房，冷聲道：「我沒找警察來抓姦，是不想鬧笑話，再怎麼說我們何家也算是有頭有臉，丟不起這個人。」

「對不起，我……」

欣兒未語淚先流，當初會成爲總經理的情婦完全始料未及，原只是公司一名新進的行政助理，卻在那個加班的夜，總經理爲了慰勞她，邀她消夜，在酒精放鬆下，總經理肆無忌憚傾訴著他不幸的婚姻。

「我太太一點也不了解我，每天不是打麻將就是逛街，我下了班回家，永遠只有菲傭應門……」

欣兒凝視著總經理眼眶晃盪的淚光，這個平常鐵漢般的男人，竟在她面前哭得像個小孩。

男人的淚，是珍珠的心。她對總經理應該意義不凡吧，不然他不會在她面前脆弱失常，欣兒這樣相信著。

她伸手握住總經理的手，然後，放任總經理趴在她身上，放任他走進她獨居的房間，放任他利用她的愛慕與身體撫平婚姻的缺口。

老套的婚外情模式，他不能給她名份，她不要他的錢，不想繼續，卻無力改變，只好耗著。直到元配找上門來。

畢竟名正言順，連坐在欣兒的沙發上都可以那麼理直氣壯。這是元配的特權。

欣兒注意到總經理夫人隆起的肚子……總經理不是說他們已經好幾年相敬如「冰」了嗎？

「我不爲難妳，也請妳別難爲我和孩子。」總經理夫人開門見山道。

「對不起。」除了說對不起，欣兒無話可說。即使眞心相愛，即使無意破壞，她搶了別人的丈夫就是事實。

「這樣也好，今天我們就做個了斷吧！」夫人轉向總經理，「你——可以選擇留下來，然後失去我、孩子還有公

司，或者跟我一道回家，以後再也不能跟她見面，一切，就當沒發生過。」

夫人說完，旋身便朝門口走去。

不到三秒！總經理躊躇不到三秒，便倏地起身追了出去，留下欣兒一人。

不是說過就算失去全世界，也不放棄欣兒嗎？

不是說過今生絕不負她嗎？

三個人的遊戲，一開始，她就注定不會是贏家。

欣兒低頭絞著衣角，氣氛，凝重得教人窒息。

「欣兒，對不起，會發生這種事，我們……都是情不自禁……」

「我們……我和里美眞的不是故意的……」清動無措地杵在兩個女人之間。

那是四個多月前的事，清動和欣兒因爲結婚場地意見分歧而起了爭執，「那就不要結算了。」欣兒撂下氣話走人，清動也賭氣不肯先低頭連絡，兩人就這樣冷戰僵持著，里美充當和事佬，卻擦槍走火與醉酒的清動發生了關係。

「我當時想，我們的婚事眞的完了，所以，帶著一點報復的心情，我……」清動囁嚅地對欣兒解釋道，「我們復合後，我想過要和里美分手，可是……

」

「可是，」里美接口，「沒想到就在那時，我發現我老公外面有了女人……

……」

里美的老公有了外遇，三個月來欣兒一有空就陪著里美，好幾次深夜，里美哭夠罵累想回家看兒子，欣兒會電召清動專程送里美回去。好意體貼卻無形中促成了里美和清動。

「發生了這種事，我覺得這時提分手，里美會崩潰。」清動說。

里美老公外遇，里美卻更早背叛了婚姻，既然如此，里美怎麼還能臉不紅、氣不喘地以一副「受害者」姿態四處博取同情？口口聲聲說：「我把家照顧得這麼好，他還想怎麼樣？」、「我一生就只有這個男人，他怎麼可以有別的女人？」……多少夜裡，欣兒陪著里美流淚，如今回想起來，卻成了天大的諷刺——男盜女娼，原來誰也不欠誰！

只不過里美老公的姦情先曝了光。現代的愛情遊戲，不是誰負了誰、誰受了罪，而是誰先抓到對方的措，誰就成了愛的司法者。

里美理直氣壯離了婚，要了贍養費，居然還理直氣壯來向好友要情人。

「我知道我這樣做很對不起妳，可是，我現在家沒了，兒子沒了，什麼都沒了，我只剩清動了。」里美哭得涕泗縱橫，隨即碰地十分戲劇化跪了下來，「欣兒，我求妳，求妳成全我們，我會感激妳一輩子的。沒有清動，我活不下去，哇——」

「成全？爲什麼要我犧牲來成全你們，而不是妳犧牲來成全我們？」欣兒咬牙切齒反問。唸高中時，欣兒和理美同時被推選爲作文比賽的代表，在國文老師徵詢兩人的意願時，欣兒義不容辭把唯一的一個名額讓給了里美；出了社會，兩人不約而同考上同一家公司，那次歐洲考察的機會，也是在里美的苦苦哀求下，欣兒只得婉拒了機會，並向總經理推薦里美。里美總說欣兒是不小心落入凡間的善良天使。

天使這次不想再善良了。「清動，你說呢？」

「我？妳們兩人我都愛，我愛欣兒多一點，我憐惜里美多一些，捨掉誰我都不忍，對於妳們，我永遠心疼。」

時間似乎一下子拉回五年前，一樣三人的局面，當年她偷了別人的愛，這次別人搶了她的男人。始作俑者的男人都是一派事不關己「局外人」的姿態，而欣兒總是忍讓退縮，任另一個女人張牙舞爪。

驀地，一股莫名的厭惡漫天蓋地向欣兒襲來，清動和里美，貪婪和醜惡的人性，像腐爛的魚兒，臭得令人作嘔。

如果退讓委屈換來的是被辜負、被欺凌，她爲什麼還要忍耐？

「里美，愛人是不能讓的，而且，我也不屑妳感激我一輩子，像妳這樣恩將仇報、奪人所愛的人，我、看、不、起、妳！」

從未對人說過如此刻薄尖酸的重話，欣兒一鼓作氣轉過來面對清動，「至於像你這種毫無定力又貪婪無恥的男人，我、不、想、再、浪、費、青、春！」

語畢，欣兒拿起桌上的水往清動的臉上奮力一潑——

去他的好女人！去他的風度！在兩人的錯愕呆愣中，欣兒昂然轉身，離開。

愛的三角習題

好女人說：「愛是恆久忍耐又有恩慈。」

壞女人說：「愛是不要忍耐只要開心。」

魔女說：「愛是適時忍耐又有勇氣。」

如果別人騎到妳頭上，不必忍。

橫刀奪妳所愛，不必忍。

欺騙踐踏妳的感情，不必忍。

愛錯了人就要勇敢斬斷，不必忍。

當愛則愛，當斷則斷，該堅持不退讓，該走人不囉唆。

眞愛得之不易，應該把握；虛情假意只會傷神，不必留戀。

魔女深諳「愛情進退學」，該進、當退，乾脆俐落！就算兩人愛情成了三人遊戲，魔女也會快刀斬斷情斯——斬自己、斬對方、或者斬介入者。

絕不拖泥帶水！

速解三角習題第一式——我的愛情不廉讓

本來是妳和對方的兩人愛情遊戲，竟然出現了第三者！

好女人會默默隱退，犧牲自己、成全別人，也不管他們兩人是否速配，非得把自己搞成躲在牆角哭泣的「一代可憐小棄婦」不可。

笨女人會癡等對方做決定，「你要她？還是我？」然後，等對方決定自己的命運與去留。

好女人把愛人當禮物送人，笨女人把自己當禮物任人挑選。

魔女會先搞清楚情人對自己的愛還在不在、自己還愛不愛這男人，再來決定這段情還有多少「保存價值」。不必找第三者談判，別忘了妳才是「正宮娘娘」，何必紆尊降貴把侵入者「升等」到跟妳相同的位置？

要是第三者膽敢前來挑釁，風度和優勢是妳最佳的盔甲，就是要笑裡藏刀，就是要挫第三者於無形。

「是嗎？我男朋友跟妳在一起很久了，哎，他呀，就是

不懂拒絕別人，陳小姐妳別太介意喲！」言下之意，情敵不過是自作多情，可別自鳴得意。

當場撞見兩人在餐廳卿卿我我，不知所措地躲起來，是弱女子；衝上去發飆，是瘋女人；魔女會若無其事優雅地走到他們面前，視第三者如無人，「老公，酒別喝太多……要早點回家喔！」

向非法侵入者宣告主權！

就是要讓她知難而退、自慚形穢，至少，教那個該死的男人和第三者明白：妳不是個柔弱得毫無反擊力的女人，而且，絕不廉讓自己的感情！

沒有人喜歡被可有可無的愛著，連爭取奮戰的勇氣都沒有，男人如何相信妳是狂烈地愛他？

外患並不致命，要命的是「內憂」——男人的心在哪裡？

他和她有新鮮激情，像剛搾好的新鮮果汁；他和妳有濃厚的感情，像釀了許多年的酒，不過，愛情裡，舊往往不如新，所以，別用深情來對抗激情，不如給愛情一點「冷卻期」，分開一小段時間，讓彼此冷靜下來，各自思考去留。

要愛重新加溫？還是讓愛遠走？妳就是自己愛的主宰者。

在做這些努力和思考之前，魔女不會輕言放棄。

誰說女人是弱者
傻瓜才做第三者

不戰而退，是膽小鬼。
輕易投降，是懦夫。
死黏活纏，是愛的寄生蟲。
愛就爭取、不愛就閃人，才是堂堂魔女的行徑。

速解三角習題第二式——腳踏多船，注意平衡感

身邊有個他，偏偏又出現另一個迷人的追求者，在弄清妳自己的感情去向前，魔女將謹遵最高行動指導守則：未到最後關頭，絕不輕言曝光！

腳踏多船，也許不由自主，但是絕不讓「現職情人」嗅到一絲異樣，則是職業道德。

收到新情人的簡訊，看完即刻清除，務必湮滅證據；在公眾場合，嚴禁與新情人有任何親密舉動，免得被熟人撞見抓包；約會區域絕不接近原先情人的活動範圍，以防冤家路窄、狹路相逢；最好每次約會前先打電話確定原先情人的方位，以便避開危險區。

就算遊刃有餘，魔女也會盡量縮短「腳踏多條船」的時間，深入交往仔細觀察迅速決定，一旦確定誰是Mr. Right就揮慧劍斷情絲，放掉比較不合適的那個。

非關道德，只是不想浪費時間。

齊人非福，眞愛一個就夠。

在腳踏多船的花心期，不要輕易和新歡舊愛有親密行爲。同時愛上兩個男人或許情非得已，同時有兩個性伴侶卻是浪蕩女的作爲。

妳可以選擇幸福，不必讓「從一而終」的專情光環成了愛的緊箍咒，妳不一定會那麼好運一碰就碰到對的人，有時，你必須在眾裡尋他千百度，才能確認妳的眞命天子在哪個燈火闌珊處。適合與否，需要時間來了解和摸索，如果發現眞愛是新情人，管別人說妳朝秦暮楚、水性楊花，追求幸福最重要。不必窩在不合身的蘿蔔坑裡！

倘若走了一遭，發現「舊愛還是最美」，就壯士斷腕立即回頭不必留戀，腳踏多船雖然刺激，賠上眞愛就太不值得。

決定要快，回頭要早，切記，不要對留下的人「告解」，就讓這些過程船過水無痕。善意的欺瞞，有時是一種善解人意。

速解三角習題第三式——傻瓜才做第三者

情況也許更糟，妳既不是衛冕者，更不是挑選者，妳就是雙人遊戲中多出來的那個。

做第三者，有第三者的參賽資格和遊戲規則。

第三者必須耐得住寂寞，習慣一個人過日子，習慣情人節、過年、假日他都不在妳身邊。眞的，沒有比做第三者更寂寞的。

第三者必須是「忍者龜」，只能躲在陰暗處不見天日。妳就是多餘的，沒有人管妳是自願或無知地介入，放在陽光下，妳就是罪人！

第三者必須無求又容易滿足。妳只能撿到別人剩的空檔，要求太多，他給不起，徒然弄得兩人都受罪痛苦。妳付出全部的自己，卻只能得到二分之一的愛，沒有比這種穩賠不賺的生意更悲慘的。

第三者必須永遠年輕美麗，男人家裡就有糟糠黃臉婆了，他不必再去外面找一個，妳沒有變老變醜的權利，那是元配的特權。

第三者必須學會忍受，忍受孤單、忍受罪惡感、忍受和別的女人分享、忍受男人隨時可能會走。

能做到這些，妳根本就是聖人了，何必去當感情中的「剩人」？萬一妳眞的愛到深處情願做第三者，那麼，就試著讓自己快樂點吧！不在乎別人看法、不胡思亂想、不要名份、不干擾元配、不介意殘缺的愛，情境無法變，心境可以改，換個角度想吧——

「像我這樣下班不必趕回家做飯、不必被小孩煩，多好！」

「把男人當點心，一個人生活更自在。」

「愛情的快樂，我享；侍奉公婆和應付妯娌的義務，元配盡。啊！眞該感謝他老婆的存在呢！」

如果不能不做第三者，那就做個知足安分的「快樂的第三者」。

如果做不到，就趁早放棄。

第三者太苦、太累、太悲情、太得不償失，傻瓜才去做第三者！

錯愛，就要對的放

Magic Book Magic Book

錯愛，就要對的放 13

她又原諒了弘安，當弘安在她面前哭得像個孩子。

「我就是貪玩，但是我心裡最愛的還是妳。」弘安自身後緊摟住梅珊，不讓她走，「我不是有心要傷害妳的，我發誓，這是最後一次。」

「你每次都說是最後一次，卻一而再、再而三的背叛我，上次跟你們總經理秘書搞在一起，弄得滿城風雨，差點被炒了魷魚，這次居然連我表妹都……」愈說愈憤慨，梅珊死命想掙脫弘安的摟抱。

「我承認我是鬼迷了心竅，沒品沒格調又沒道德，但是……也許就像妳說的，我的心裡一直有個缺口，從八歲那年我媽離開我，我……我就……」弘安哽咽地把頭埋進梅珊的頸項間，終於，泣不成聲。

弘安的童年陰影，是梅珊的死穴，只要想到那個可憐的八歲小男孩，梅珊的母性就氾濫決堤，而離去的決心就潰不成軍。八歲的小弘安親眼看著被父親打得奄奄一息的母親，穿著拖鞋一跛一顛地走出家門，在門口，母親回過頭對年幼的弘安說：「你要勇敢點，媽媽不能陪你長大了。」弘安大哭抱住媽媽，。

卻留不住一顆傷痕累累的心，母親還是走了，自此不知去向。有人說她投河自殺，也有人說看見她跟男人跑了，弘安只記得自己衝進房、死命搖晃早已爛醉如泥的父親，當父親好不容易醒來得知老婆已離開時，竟然只是一臉漠然地對弘安說：「從今以後別再提到那女人，不然我就打死你。」失去母親，得不到父愛，弘安一個人孤獨地長大了

每每思及小弘安的無助，梅珊就心疼，她寵他、無微不至地照顧他，像母親溺愛孩子，總是無可救藥地相信總有一天孩子會變好變乖。

「唉——」梅珊不再氣弘安染指了她表妹，反過來安慰弘安，「過去都過去了，悲慘的童年還有這些女人都過去了，你，還有我。」

弘安把頭更深埋進梅珊的懷裡，像找到母親的無依小孩。

梅珊原諒他，相信愛會彌補他心中的缺口，讓他不再流浪在別人的溫存裡。

她不該原諒他的。

她原諒了弘安連跌個跤都可以勾搭上替他包紮的小護士；原諒弘安老當她的面毫無顧忌地調戲女服務生；原諒弘安和公司半數的女人似有若無的曖昧；甚至原諒弘安連她表妹都騙上手，害得梅珊和表妹反目成仇，但是……

她怎麼可以原諒弘安居然要閃電結婚娶另一個女人，還提議梅珊做他的「地下情人」！

「她老爸是有權有勢的黑道立委，我不娶她，他老爸不會放過我的。」弘安毫無愧意地說：「妳總不忍心我被追殺吧？我知道妳最愛最疼我了。其實，結婚也沒什麼，她得到名份，妳擁有我的心和全部的愛。」

「離開她，離開台北，我們到南部去，我家在南部有間店面，我們可以做點生意，或者，我們到國外去……」梅珊猶在力挽狂瀾，是不肯相信男人的勢利與無情。

「不不不，不可能，逃避不是辦法，我想我們……」弘安的手機響了，打斷了他的話，從弘安瞅著顯示號碼的異樣神情，梅珊多少也猜出是誰。

「不准走，求求你，你走了，就永遠失去我。」撂下狠話，是孤注一擲。

「公司有急事，我一定得走，我再打給妳。」不顧梅珊的哭喊威脅，弘安使勁甩開梅珊的手，頭也不回。

因爲料準梅珊總會原諒他。

★

她不能再原諒他了。

怕決心不夠，怕心軟壞了事，梅珊搬進朋友家、換掉大哥大，十幾天後弘安才意識到事態嚴重，不斷打到公司找梅珊，梅珊索性請年假到普吉島度假。

跟著旅行團一站一站趕場，看著湖光山色一幕一幕掠過，好幾次梅珊衝動地想打給弘安，她把手移開大哥大去握緊滑翔翼的繩索，她把頭埋進海底任淚水流竄，再苦再思念，都待咬緊牙根熬。

一踏上中正機場，她就知道痛還在、苦還沒走，打給另一個死黨苓雅來接她。

「喏，這是妳同事要我轉交的，弘安送去的禮物和信件。」苓雅遞給梅珊一大只紙袋。

梅珊接了過來，在短暫的躊躇後，她大踏步走向垃圾桶，「咚」！將紙袋往裡面一丟。

苓雅了解地摟了梅珊，「放心，有我、麗凰還有瓊貞，我們會陪妳撐過去的。」

「走，打電話找她們一起來，我們去吃日本料理。」梅珊大嚷：「明天起要好好工作，年底前一定要升經理。」

「行，有志氣！」苓雅一手握方向盤，一手做舉杯狀：「女兒當自強，男人算什麼？敬我們未來的女強人！」

車上的收音機正大聲地播出陶晶瑩的那首「姊姊妹妹站起來」——十個男人七個傻八個呆九個壞……

別愛感情的叛徒

人性太脆弱，沒有人不會犯錯。

認錯卻不改過，是無賴；不認錯也不改過，是無恥。

妳可以寬恕那些犯錯改過的人，但不要給無賴無恥的人機會，否則，妳的寬容平息只會成爲縱容姑息，對方不僅不會心存感激，反而會食髓知味變本加厲，有一天妳拒絕「再給一次機會」，他會反咬一口，認爲妳對不起他。

愛情中最深刻的罪衍是——花心。

愛是獨占事業，不能有合夥人，然而男人出軌背叛了，很多女人會在摧心痛楚後選擇接納回頭的情人。

因爲愛，所以原諒，所以相信浪子回頭金不換。

因爲愛，所以執著，所以不捨放手離開。

只可惜，花心通常不是一次偶然，而是一種習慣。

男人花心被發現了，總會口口聲聲保證「絕不再犯」，其中百分之九十是說過便忘、繼續再犯，或者陽奉陰違、小心下次不再被逮就好。

剩下那一成不再拈花惹草的男人，有些是玩過頭「玩不動了」，有些是「玩煩了」一時覺得無聊，而絕大部分是「玩累了」暫時休養生息。

花心，無藥可救。

輕易原諒花心男的女人，無可救藥。

愛，不是永遠的寬恕，而是有智慧的寬恕，妳可以選擇原諒，但別太輕易；妳可以接納回頭浪子，但要看他留校察看的表現，要教對方知道「只此一次、下不爲例」，而且眞的說到做到，不接受任何藉口。

一次的出軌，叫迷途；兩次的出軌，就叫叛徒。

錯愛了愛情叛徒，就該忍痛放手。

沒有眞心的男人，有害健康。多耗無益。

魔女分手葵花寶典第一式——面對事實、接受眞相

不要做愛情駝鳥！

把頭埋在沙堆裡，只能麻痺，不能改變事實。

如果對方花心負心或變了心，妳就該勇敢面對「不被愛了」的事實，雖然揭開眞相很難堪難受，但眞相有時就像癌細胞，愈早發現對妳愈好。

不必苦苦追問：「你爲什麼不愛我了？」相愛沒有理由，分手只有藉口，不愛就是不愛了，問了也是白問，就算他給妳再多理由，妳也不會覺得比較好過。

他不是不愛妳，但那是「曾經」，都過去了。沒錯，他是曾愛妳入骨、曾爲妳淋雨受冷風吹、曾指天誓地：「我愛妳永遠不變……」他並沒有騙妳，那一刻，他是眞的愛妳，眞的以爲可以不變，只是

現在他膩了、變了、忘了、不愛了，就是如此而已。

再痛再氣再恨，妳都必須接受「失去愛情」的事實，而且試著換個方式積極思考——

還好，他愛上的不是男人。（萬一眞是男人呢？）

還好，發現得早，我還沒嫁他。

還好，我沒人財兩失。（萬一人財兩失了……）

還好，我還活著。

失去了愛情和錢財，但至少妳還好好活著。

還有什麼比活著更重要的呢？

魔女分手葵花寶典第二式——分手，好過留來留去留成仇

先提出分手的人，未必是贏家；死賴著不肯放手，絕對是輸家。

不適合，就該努力包容或調適，也許個性不容易改，但相處模式卻可以變，設法找出兩人和平共處的軌跡，如果再怎麼努力都無效，就該放手。做愛情的蜥蜴！咬牙切掉「不適任情人」這條尾巴。當斷則斷，該放就放。

別妄想改變壞情人，他不會變好，只有你們的關係會變壞。法國皇帝拿破崙就說過，「當你面對愛情的時候，唯一的勇氣是逃避。」離開，是最大的智慧。

揮慧劍一刀斷了情絲，並不容易。很難一次分手就成功的，大部分的分手都免不了一陣牽扯拉踞，有人要走，有人想留，有人不依戀，有人捨不得，總得廝

纏到雙方筋疲力竭。

自動人間蒸發，來個避不見面，讓對方死得不明不白，這是沒有擔當的分手法。

把對方批評得一無是處，這是惡質的分手。

透過別人放話告訴對方妳想分手，這是懦弱的分手。

投對方所惡，做一些對方討厭的事，讓對方主動求去，這是智慧型的分手。

愛要讓對方知道，分手也該教對方明白，儘管難以啓齒，妳還是得硬著頭皮面對，不管是用說的或用寫的。

妳可以很清楚的說：「我們不合適，別再彼此傷害了吧！」講清楚說明白型。

也可以很悲情的，「你太好了，讓我相形見絀，是我配不上你。」狡猾圓融型。

妳還可以壯烈的，「祝你找到屬於你的幸福。」冠冕堂皇型。

最重要的是清清楚楚的說：「我們分手吧，不要再見面了。」

或許殘忍，但是，不愛了還死拖活拉，是更大的殘酷。

魔女分手葵花寶典第三式——謝謝，不必再聯絡

誰提出分手都無所謂，怕的是沒有一次了斷，反反覆覆把僅存的情分耗盡，分來分去分成仇。這是凌遲。

分手就要乾淨俐落，不回頭，也不接受對方回頭。

了斷第一步驟——斷絕一切聯繫。

不接電話或乾脆換掉號碼，別讓他找到妳。也不要期望他來找妳，如果怕別人聯絡不上妳，就把手機交託給一位凶悍有正義感的朋友，由她來負責過濾來電，只要來者是他，就義正辭嚴的告訴他：「請你不要再騷擾她了！」

斷絕聯絡也斷絕期待，徹底死心才能徹底解脫。

了斷第二步驟——遠離窩居。

打不通電話，他可能登門造訪。每次門鈴聲都會叫妳心驚或心喜，這般心情擺盪更折騰人，妳可以暫時搬到友人住處「避風頭」，或索性請個「分手假」出國散心。

別待在家裡憑弔他過去的影蹤，或擔心他的不請自來。

了斷第三步驟——戒掉有他的習慣

愛久了，成了習慣。

妳可能離開了一個人，卻還保留著他的習慣，照他方式吃沙拉，聽他常聽的搖滾，甚至下意識地總是按到他喜歡看的Discovery頻道。

在超市，妳可能直覺地拿起手機想問：「喂，你想吃什麼？」

現在，妳要只管自己愛吃什麼。

寒夜被窩裡，妳會想起另一個人的體溫：「好冷！」

現在，妳要：「沒有人來分佔一半的床，手腳伸展自在多了。」

戒了愛，戒掉有他的習慣，妳要開心一個人吃飯、享受一個人逛街、喜歡一個人看電影、學會一個人過情人節，而不覺得形單影隻、不羨慕儷影雙雙。

「一個人逛街，不會有人在旁邊嘮叨我敗家。」

「不必牽就配合他看那些科幻電影，眞棒！」

一個人可以自在、可以任性、可以爲所欲爲、可以不必感傷。

魔女分手葵花寶典第四式——明天絕對要更好

文學家斯契巴喬夫說：「愛情是一本永恆的書，有的人只是信手翻閱瀏覽片段，有的人卻流連忘返，留下熱淚斑斑。」

好女人從一而終，愛走了，就無力再愛。做「愛的寡婦」。笨女人不懂回頭，陷在悲情慘愛中，留不得卻也放不下，是「愛的怨婦」。

聰明魔女認眞愛，咬牙放，不該愛的，趁早丟！分手，很痛！魔女會在狠狠的流淚、重重的心碎後臉一擦、頭一仰：「這點打擊算什麼？我，挺得過去的！」

熱戀所留下的，不一定得叫「傷痕」。妳要把過去的戀情變成一枚愛情勳章，即使那段情再不堪，至少證明了妳愛過也傷過、懂得去愛也捨得放手，妳，終於可以畢業了。

做愛的上將！

每天對自己精神喊話：「我是最棒的，我值得更好的男人。」

每天對鏡子唸著咒語：「我既美麗又有智慧，當然會有很多人愛。」

每天爲自己洗腦振奮：「過去都過去了，我的明天一定會更好。」

每天幫自己加油打氣：「我要變得更優秀，活得更燦爛。」

永遠相信自己，妳會發現自己眞的一天比一天更好。

也許，不服輸的妳會在懈怠時激勵自己：「我要更加努力，再重逢時，我要他悔不當初，後悔錯放了我這麼好的女人。」這帖積極思考的猛藥，確實幫助很多人化悲憤爲力量，從傷痛中挺起來，但是，站起來後，別忘了，把悲憤丟掉！

對方沒那麼偉大，值得妳時時念茲在茲、毋忘在莒。讓悲憤拉妳一把，但不要像隻鱷魚死咬住「悲憤」不放，不要讓創痛的過程繼續折磨妳。

記住，妳的一切努力，只因爲妳想讓自己變得更好，只因爲妳值得！

愛他不著，不必管他在不在意離別後妳變得更好。

愛他不著，不必祝他幸福。

管他幸不幸福，妳要努力找到自己的幸福。

魔女分手第五式——NG！就讓生命重新來過

把心打開！不惜放出風聲：「我恢復單身了，有好對象趕快幫我介紹。」寧可錯看一萬，絕不少看一人，多認識朋友沒什麼不好。

把生活安排好！兩個人生活有兩個人的甜蜜，一個人有一個人的自在快意，排好假日休閒，安排空檔活動，怕無聊無伴可以養隻寵物，男人有時不如一條好狗。

把心放在工作上！情場失意，職場就要得意，日本文學家有島武郎說：「能將我們從情網中釋放出來的，與其說是遺忘，不如說是繁忙。」一時忘不了，就努力忙得不得了，愛情未必一分耕耘、一分收穫，工作卻絕對可以有付出有獲得。

把眼光放在別的男人身上！「逝者已矣，來者猶可追！」把舊情人當成逝者，從現在起，走過來的男人妳都可以放膽

追。濫竽充數倒不必，思念舊人更不用，世上有幾億男人，適合妳的，一定還有。

把愛給自己！他不愛妳，妳就把他該愛的部分「一併處理」。妳有多久沒有被稱讚了？妳是不是快忘了自己喜歡什麼了？現在，善待自己，讚美自己，活出自己，因爲妳愛自己，自然會有眞心人來愛妳。

生命可以重新來過，就從愛自己開始。

申請讀友會，您可享有：
◎免費參加小彤的演講及其他活動，
◎可申請參加小彤所主持的廣播電視節目，
◎不定期告知小彤寫作訊息。

小 彤 讀 友 會 申 請 表

姓　名		性　別	□女　　□男
生　日	年　月　日	血　型	
電　話		E－Mail	
地　址			
就讀學校或服務單位			
你最喜歡本書的哪一篇			

小彤的系列作品有：
1.情人看招　2.情歌心情　3.親愛的，看招　4.眞愛頑皮書
5.愛情精靈不想睡　6.快樂上班魔法書　7.女人不必等愛
8.戀愛高手　9.因爲愛，我存在　10.淘氣小彤子
11.別鬧了！小彤子　12.Call個愛情密碼　13.今夜新宿不下雪
14.小彤子鬧翻天　15.小彤子黑皮書　16.打開你的幸福開關
17.愛情的十種智慧　18.啓動愛情的第一步

你看過小彤哪些作品？
請參照上述編號填寫：＿＿＿＿＿＿＿＿＿＿＿＿＿＿

給小彤的一句話：

你想參加小彤主持的節目嗎？　□想　□不想

你希望小彤寫什麼？

你會參加讀友會的聚會嗎？　□會　□不會

請將此頁影印並填妥申請表
1. 郵寄至「台北郵政１４８６號信箱」收
2. 傳眞至　(02) 27024269 或 E-Mail : greatalice@sinamail.com
3. 因電腦作業疏失，導致部分資料流失，煩請未收到小彤會訊的讀友再次申請入會，謝謝！
4. 是否曾經入會？　□是　□否

智慧庫 03

啓動愛情的第一步

作　　者　小彤
總 編 輯　陳惠雲
主　　編　諸韻瑄
校　　對　楊淑圓
出 版 者　匡邦文化事業有限公司
聯絡地址　106台北市羅斯福路四段200號9樓之15
E - Mail　dragon.pc2001@msa.hinet.net
網　　址　www.morning-star.com.tw
電　　話　(02) 29312270、89313193
傳　　真　(02) 29306639

法律顧問　甘龍強律師
初　　版　2002年5月
總 經 銷　知己實業股份有限公司
郵政劃撥　15060393
台北公司　106台北市羅斯福路二段79號4樓之9
電　　話　(02)23672047
傳　　真　(02)23635741
台中公司　407台中市工業30路1號
電　　話　(04) 23595819
傳　　真　(04) 23595493
定　　價　新台幣 200元

Printed in Taiwan

國家圖書館出版品預行編目資料

啓動愛情的第一步／小彤著．--初版．--臺北市：
匡邦文化，2002[民91]
面：　公分．--（智慧庫：3）

ISBN 957-455-186-5（平裝）

544.5　　91004293